KB044508

공간은 경험이다

공간은 경험이다

2019년 3월 25일 초판 1쇄 발행
2024년 3월 1일 초판 5쇄 발행

지은이 이승윤
펴낸이 김은경
펴낸곳 ㈜북스톤
주소 서울특별시 성동구 성수이로7길 30, 2층
대표전화 02-6463-7000
팩스 02-6499-1706
이메일 info@book-stone.co.kr
출판등록 2015년 1월 2일 제2018-000078호

ISBN 979-11-87289-52-4 (03320)

이 책의 국립중앙도서관 출판예정도서목록(CIP)은 서지정보유통지원시스템 홈페이지(http://seoji.nl.go.kr/)와 국가자료공동목록시스템(https://www.nl.go.kr/kolisnet/)에서 이용하실 수 있습니다.(CIP제어번호: 2019009132)

북스톤은 세상에 오래 남는 책을 만들고자 합니다. 이에 동참을 원하는 독자 여러분의 아이디어와 원고를 기다리고 있습니다. 책으로 엮기를 원하는 기획이나 원고가 있으신 분은 연락처와 함께 이메일 info@book-stone.co.kr로 보내주세요. 돌에 새기듯, 오래 남는 지혜를 전하는 데 힘쓰겠습니다.

늘 묵묵히 지지해주시는 부모님,
이해숙 이준호님께 이 책을 바칩니다.

공간은 경험이다

소유하지 않는 시대, 팔리는 경험 마케팅

이승윤 지음

북스톤

|P|R|O|L|O|G|U|E|

'새로운 고객경험'을 만들려면 무엇이 필요할까

제품이 아니라 경험을 팔아라. 최근 마케팅 분야의 큰 화두 중 하나는 '경험 마케팅(experience marketing)'이다. 특별한 경험을 제공하는 공간은 제품의 가치를 높여주기 때문이다.

빼어난 미관과 기능성으로 생활가전으로는 드물게 '로망템'으로 떠오른 다이슨 역시 경험 마케팅에 공을 들이고 있다. 얼마 전 백화점을 둘러보다 다이슨 스토어 앞에서 저절로 발길이 멈춘 적이 있다. 내 눈길을 사로잡은 것은 다이슨 매장 안쪽에 가지런히 놓인 알록달록한 병들이었다. 저게 뭘까? 호기심이 일어 매장에 들어가 보니, 병 안에 든 것은 다양한 크기의 부스러기였다. 옆에는 다이슨 청소기가 벽에 걸려 있었다. 부스러기를 매장의 체험장 바닥에 뿌리고 청소기로 빨아들여 직접 성능을 시험해보라는 의도다. 단순한 기능 시험에 그칠 수도 있었던 것을, 예쁜 병에 부스러기를 담아 세련된 형태로 비치함으로써 '시운전'이라는 평범한 행위를 색다른 경험으로 만들었다.

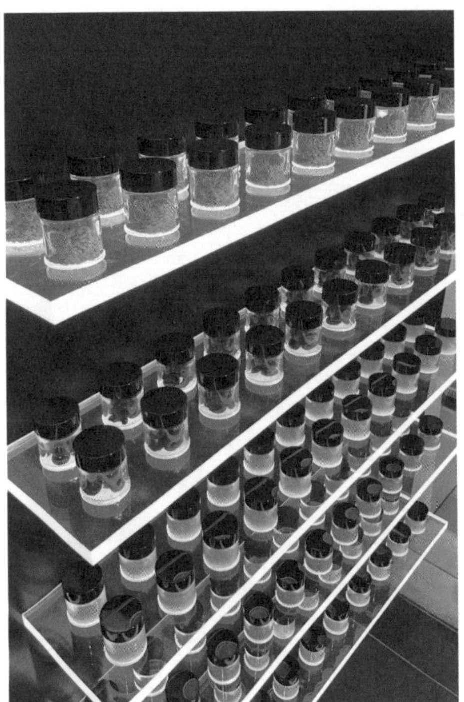

▲색색깔의 부스러기가 담긴 병들. 부스러기는 형태도, 크기도 다양해 청소기 성능을 체험하는 데 최적화되어 있을 뿐 아니라, 색도 진열도 소비자가 보기 좋게끔 만들어놓았다.

이 밖에도 다이슨 매장 곳곳에서 감각적인 진열 방식이 눈에 띄었다. 첨단기술이 집약된 청소기 부품을 보여주는 진열대 위에는, 방문자의 감성을 자극하는 예쁜 불빛이 왔다 갔다 하고 있었다. 고데기(다이슨 에어랩 스타일러)와 드라이기 매대도 마찬가지다. 스타일러와 드라이기는 '명품 중의 명품'으로 손꼽히는 에르메스 가방을 연상시키는 고급 상자에 고고하게 놓여 있었고, 부품 또한 청소기와 마찬가지로 세련된 조명을 사용해 진열해 놓았다.

이걸로 끝이 아니다. 헤어스타일링 기기에 매혹되었다면 다른 체험도 기다리고 있다. 매장에 상주하는 스타일리스트들이 화장대에서 당신의 머리를 만져주고 모발에 맞는 헤어 손질 방식과 기구까지 친절하게 알려준다. 화장대를 비롯한 이 공간은 마치 청담동에 있는 멋진 헤어숍 같다.

다이슨 청소기는 어떻게 주부들의 로망, 욕망의 대상이 되었을까? 보통 기기보다 훨씬 비싼 60만 원가량의 헤어스타일링 기기에 왜 열광할까? 다이슨 매장에서는 이 질문에 대한 답을 찾을 수 있다. 기능만 강조하는 것이 아니라, 제품을 사용할 때의 즐거움을 직접 경험하게 했기 때문이다.

▲명품 백을 연상시키는 고급스러운 케이스에 담긴 다이슨 에어랩 스타일러.

반면 근처에 있는 국내 경쟁사 매장에서는 이 같은 공간 경험을 할 수 없었다. 높은 가격표가 붙은 제품만 있을 뿐, 진열도 평범했고 체험 코너도 없었다. 직원도 제품의 성능이나 가격에 대해서만 이야기했다. 소비자가 얻을 수 있는 것이라고는 '이 제품은 비싸고, 그만큼 좋은 제품이야'뿐이었다.

▼다이슨 청소기 부품을 설명하는 진열대. 불빛을 이용해 고급스럽게 꾸며놓았다.

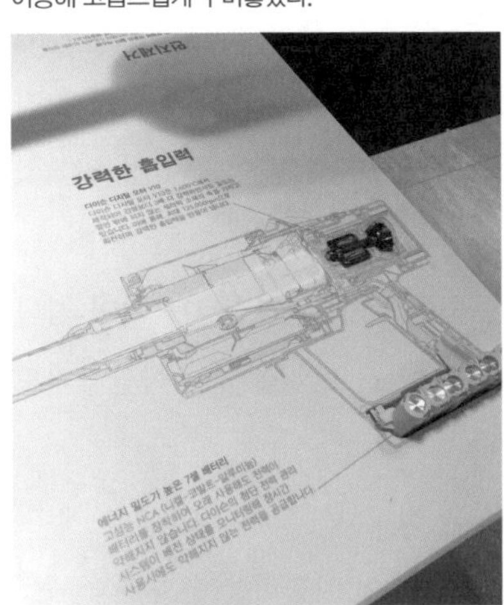

제품의 가치가 100이라면, 잘 만들어진 공간은 판매하는 제품의 가치를 200, 300까지 높여줄 수 있

다. 다이슨이 공간 구성에 심혈을 기울인 이유도 이와 같다. 제품을 잘 만드는 데 그치지 말고, 제품과 함께하는 삶이 어떤지를 소비자가 매장에서 체험하며 상상할 수 있어야 한다.

자동차처럼 복잡한 제품을 만드는 기업에도 가장 큰 화두는 '경험'이다. 얼핏 생각해보면 자동차는 공간과 크게 상관이 없을 것 같지만 결코 그렇지 않다. 과거의 자동차 회사는 안락하게 이동하는 차량을 만드는 데 온힘을 쏟았지만, 자율주행이 보편화될 가까운 미래에는 자동차가 더 이상 이동수단에만 머무르지 않을 것이기 때문이다. 운전이 필요 없는 자동차는 이동수단이라기보다는 움직이는 하나의 공간으로 보아야 하고, 따라서 그 공간에 어떤 경험을 담아낼 것인가를 고민할 필요가 있다.

CES(Consumer Electronics Show, 세계 가전 전시회)는 TV, 오디오 등 일상 속 전자제품을 선보이는 가장 큰 행사다. 그런데 2019년 CES에는 벤츠부터 BMW, 아우디, 혼다, 현대, 기아자동차가 참가해 흡사 모터쇼를 방불케 했다. 예상했다시피, 이들이 강조한 것은 바로 자동차 안에서 할 수 있는 경험이었다. 예를 들어 벤츠는 고객이 '우울해. 신나는 음악 없을까?'라고 말하면 자동차가 정확하게 알아듣고 분위기를 띄우는 음악을 들려준다며 어필하기도 했다.

이제 자동차는 소비자의 음성을 정교하게 인식하고, 기분에 맞게 실내 온도와 조명을 조절하고, 심지어 어울리는 향기까지 제공해주는 개인 공간이 되었다. 미래의 자동차 회사는 이동수단을 팔기 위해 골몰할 것이 아니라, 자동차라 불리는 공간에서 특별한 경험을 주려면 어떻게 해야 할지를 고민해야 한다. 기술 기업을 넘어 감성을 자극하는 공간 설계자가 되어야 한다는 말이다.

이는 비단 대기업에만 한정되는 이야기가 아니다. 개인이 주도하는 소규모 브랜드도 경험 마케팅에 집중하기 시작했다. 띵굴마켓은 살림하는 주부, 일명 '프로 살림러' 사이에서는 모르는 사람이 없는 플리마켓이다. 전국에서 가장 큰 규모인 이 마켓에는 한 번 열릴 때마다 200명이 넘는 셀러가 참석하고 하루에만 수천, 수만 명이 방문한다.

띵굴마켓의 시작은 아주 소소했다. '한국의 마사 스튜어트'로 불리는 파워블로거 이혜선 씨다. 이혜선 씨는 자신의 블로그 '그 곳에 그 집'을 운영하면서 살림 포스팅을 해왔는데, 특히 자기 집을 꾸민 인테리어 사진으로 큰 인기를 얻었다. 그녀는 블로그를 찾아온 주부들에게서 '이 사진에 있는 이 제품은 어디서 살 수 있냐'는 질문을 받곤 했고, 말로만 대답해줄 것이 아니라 아예 오프라인에서 직접 보여주고 싶다고 생각하게 됐다. 띵굴마켓은 이렇게 탄생했다.

개인의 온라인 공간에서 시작된 띵굴마켓이 오프라인으로 확산된 데에는 판매자인 셀러와 구매자인 손님을 자연스럽게 연결해준 것이 큰 역할을 했다. 단순히 물건을 구입하는 곳이 아니라

▲플레이스캠프 제주와의 협업으로 열린 띵굴마켓의 모습. (출처: 플레이스캠프 제주)

즐거운 경험의 장으로 바뀐 것도 인기를 끈 비결이다. 마켓에 가면 인스타그램에서 핫한 셀러들을 직접 볼 수 있을뿐더러 사람들이 평소 가보고 싶어 하던 핫플레이스에서 열리기 때문에 구경하는 재미도 쏠쏠하다. 그래서인지 "물건 사러 온 게 아니라 친구 따라 구경하러 왔어요"라고 말하는 사람들도 적지 않다. 과거의 시장이 물건을 사던 구매의 공간이었다면, 지금의 마켓은 하루를 즐겁게 보내는 경험의 공간으로 진화한 셈이다.

을지로와 성수동 등 외식업체 OTD가 설계한 공간에 오프라인 매장 '띵굴 스토어'를 연 것도 같은 맥락이다. 이곳은 이혜선 씨의 취향이 오롯이 드러나도록 꾸며져 있어, 매장이 아니라 마치 '띵굴 마님'의 집을 방문한 듯한 느낌을 준다. 부엌용품은 일반 가정집 부엌처럼 꾸며진 곳에 자연스럽게 비치되어 있다. 이 공간이 자연스럽다고 느껴지는 데는 소리, 즉 청각 자극도 한몫한다. 부엌용품 공간에 가면, 설거지하면서 그릇 부딪치는 소리가 은은하게 들린다. 세탁용품 공간에서는 세탁기 돌아가는 소리, 다리미 스팀 소리가 울려 퍼진다. 이 소리들은 매장 전체에 흐르는 잔잔

▶천연조미료, 스낵 등이 진열된 곳. 냉장고에 붙어 있는 사진이 정겨운 느낌을 준다.
▼부엌용품 섹션. 실제 사용하는 부엌에 와 있는 것처럼 꾸몄다.

한 클래식과 조화롭게 어우러져, 띵굴 스토어만의 독특한 분위기를 만들어내고 있다.

한마디로 띵굴 스토어에서는 띵굴 마님의 집에 놀러가 그녀가 직접 쓰는 물건을 구경하는 느낌을 준다. 띵굴 스토어의 모든 공간이 이혜선 씨의 브랜드 DNA를 드러내도록 설계된 장치인 셈이다.

띵굴 스토어에서 확인한 것처럼, 이제 개인이 운영하는 매장도 단순히 물건을 비치하는 것으로 끝내지 않는다. 판매를 넘어 매장을 운영하는 사람의 철학을 설명할 수 있도록 공간 경험을 설계해야 하는 시대다.

디지털 시대의 공간 경험을 제대로 설계하려면 반드시 온라인 세계를 이해해야 한다. 이제는 오프라인 매장에서 물건을 사는 사람들만큼이나 손 안의 휴대폰으로 쇼핑하는 이들이 많아졌다. 과거 미국에서는 1년 중 가장 큰 쇼핑 행사가 블랙 프라이데이(Black Friday)였지만, 젊은 세대에게는 사이버 먼데이(Cyber Monday, 많은 리테일숍이 일상으로 복귀한 소비자들에게 온라인 구매를 독려한 데서 비롯되었다)가 더 기다려지는 날이다. 실제로 온라인 분석업체 어도비 애널리스틱스(Adobe Analytics)가 발표한 자료에 따르면, 2018년 사이버 먼데이였던 11월 26일 하루 동안의 온라인 매출은 79억 달러(약 9조 원)로 블랙 프라이데이 일매출을 훨씬 넘어선 것으로 나타났다. 이것은 온라인이 오프라인의 자리를 잠식해가는 또 하나의 증거일까?

온라인의 성장이 곧 오프라인의 죽음이라 여기던 시절도 있었다. 온라인 사업자는 오프라인 시장을 빼앗으려 했고, 오프라인 사업자는 온라인 시장 때문에 죽을 지경이라고 적대시했다. 그러나 이제는 디지털 시대다. 온오프라인을 갈라서 사고하는 편협한 시각을 버려야 한다. 온라인 공룡 아마존이 최근 가장 공들이는 사업을 보라. 바로 오프라인 숍 확장이다.

온라인 매장으로 시작한 와비파커(WarbyParker) 또한 오프라인 매장을 여는 데 심혈을 기울이고 있다. 온라인으로 안경을 판매해 2015년 〈패스트 컴퍼니〉가 뽑은 '세계에서 가장 혁신적인 기업'에 꼽힌 바 있는 와비파커까지도 오프라인 매장으로 눈을 돌린 것이다. 와비파커는 제품을 직접 보지 못하는 아쉬움을 오프라인 매장에서 보완해주고, 소비자가 매장에서 느낀 만족감을 바탕으로 더욱 편리하게 온라인 숍을 이용할 수 있도록 했다. 온라인에서 오프라인으로, 다시 온라인으로 돌아갈 수 있는 '경험 루프' 설계다.

아마존과 와비파커와는 반대로, 오프라인 매장에서 제품을 판매하던 기업들은 온라인 진출을 위해 혁신적으로 움직이고 있다. 2018년 7월 LA에 문을 연 '나이키 라이브 스토어'는 오프라인 매장이지만 온라인 데이터를 적극적으로 활용한다. 나이키의 다양한 온라인 플랫폼에서 데이터를 뽑아, 스토어 인근 지역 소비자의 취향에 맞는 제품을 지속적으로 선정해 진열하는 방식이다. 판매율을 계속 체크하면서 큐레이션이 제대로 됐는지도 확인한다.

앱 이용자를 위한 오프라인 서비스도 활발하다. 당신이 나이키 플러스 앱에 등록된 회원이라면, 앱에서 구매한 물건을 오프라인 매장의 개인 스마트 라커에서 찾을 수 있다. 온라인 주문-오프라인 픽업을 더 편리하게 만들려는 노력이다. 시작도 간편하다. 앱에서 제품을 선택하고 방문 시간을 입력하면 직원이 '픽업 박스' 라커에 제품을 넣어두는데, 스마트폰에 전송된 코드만 있으면 라커를 열고 제품을 착용해볼 수 있다.

이렇듯 나이키는 '디지털이 오프라인 매장을 만난다면(digital-meets-physical retail pilot)'이라는 별칭이 붙은 매장을 계속해서 선보이고 있다. 이 역시 고객에게 예전에 느껴보지 못한 새로운 경험을 전하기 위해서다. 고객의 반응은 뜨겁다. 매출 또한 비슷한 크

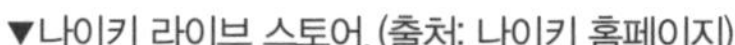
▼나이키 라이브 스토어.(출처: 나이키 홈페이지)

▲나이키플러스 회원은 앱에서 시착하고 싶은 제품을 선택하고 방문 시간을 입력하면 픽업 박스에서 제품을 찾아 착용해볼 수 있다.(출처: 나이키 홈페이지)

기의 매장에 비해 나이키 라이브 스토어의 매출이 월등히 높다. 나이키는 이 실험적인 매장을 지속적으로 확대해 나갈 예정이다.

디지털 전환(digital transformation) 시대, 성장하기 위해서는 온라인과 오프라인이 모두 필요하다. 온라인 쇼핑은 편리하지만, 여전히 많은 소비자들은 오프라인 매장에서 제품을 직접 보고 싶어 한다. 이 때문에 온라인 쇼핑을 꺼리는 사람도 있을 정도다. 하지만 오프라인 매장에서 소비자를 만족시킨다면 어떻게 될까? 해당 소비자는 나중에 온라인 쇼핑을 할 때도 그 만족감을 기억하고 망설임 없이 우리 제품을 구매할 것이다. 온라인과 오프라인을 이야기할 때, 대체재가 아니라 부족한 부분을 서로 채워주는 보완재로 바라봐야 하는 이유다. 온라인과 오프라인 모두, 목표는 결국 '최상의 고객경험' 아니겠는가.

디지털 시대, 고객에게 최적의 경험을 주기 위해서는 '연결'이 필수다. 온라인에서 누리는 경험과 오프라인에서 겪는 경험을 유기적으로 연결하여 시너지 효과를 내는 것이다. 이 책에서는 경험을 연결하는 전략 4가지를 소개한다.

첫째, 공간에 '사람'을 모으고, 모인 사람을 연결해 새로운 경험을 창출해야 한다. 기업이 플랫폼을 만들고 그 안에서 모든 것을 다 할 수 있는 시대는 끝났다. 단순히 플랫폼을 만드는 데 그치지 말고, 그곳에 모인 고객들이 서로 교류할 수 있게 해주는 장이 필요하다. 에어비앤비와 위워크를 보라. 그들의 성공은 멋진 사무실, 예쁜 인테리어 때문이 아니다. 그곳에 모인 사람들이 만들어낸 매력적인 관계 덕분이다.

둘째, 다채로운 '경험'이 연결되는 공간을 만들어 시너지 효과를 내야 한다. 과거 공간은 물건을 팔기 위해 존재했다. 하지만 지금은 어떤가? 제품을 가지고 놀게 하는 팝업스토어, 전시공간인지 매장인지 헷갈리는 가게, 책을 읽다 가라고 의자를 마련해둔 서점이 계속 생겨나고 있다. 즉 오프라인 공간은 판매를 넘어 '경험하는 곳'이 되었다. 기업은 왜 고객에게 경험을 제공할까? 경험만큼 브랜드 컨셉과 핵심가치를 잘 전달하는 수단은 없기 때문이다.

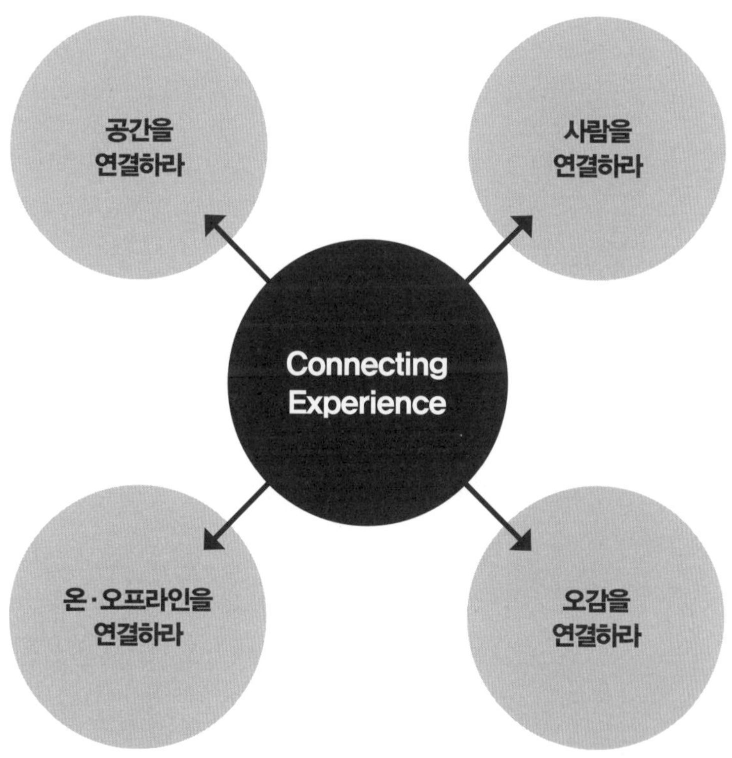
공간을
연결하라
사람을
연결하라
Connecting
Experience
온·오프라인을
연결하라
오감을
연결하라

이제 기업은 공간을 고민할 때 '어떻게 하면 많이 팔 것인가'가 아니라 '우리 브랜드의 핵심가치를 어떻게 전달할 것인가'를 물어야 한다.

셋째, '오감'을 연결할 수 있는 공간을 만들어야 한다. 사람은 외부와 소통할 때 감각 하나만 사용하지 않는다. 대형마트에 들어간다고 생각해보자. 우리는 우선 시각을 이용해 수많은 제품을 본다. 동시에 청각으로 매장 안내방송에 나오는 세일 정보를 받아들이고, 손으로는 진열된 제품을 만져보며, 시식 코너에서는 냄새를 맡거나 먹기도 한다. 이처럼 소비자는 제품을 대할 때 오감을 모두 사용한다. 특히 오프라인 공간에서는 촉각, 후각까지 모든 감각을 활용할 수 있기 때문에, 가능한 한 다양한 감각으로 브랜드를 접하게 하는 것이 좋다.

마지막으로, 온라인과 오프라인을 효과적으로 연결하기 위해 끊임없이 노력해야 한다. 앞서 이야기한 것처럼, 오프라인과 온라인은 대립관계가 아니다. 온라인은 오프라인의 단점을 보완하는 역할을 하고, 오프라인은 온라인을 통해 보다 가치 있는 공간으로 탈바꿈한다. 나이키가 라이브 스토어를 선보인 것처럼, 결국에는 온라인과 오프라인을 모두 활용하여 고객경험을 주는 기업만이 살아남을 것이다.

디지털 시대의 기업은 새로운 시각으로 공간을 바라보아야 한다. 과거의 공간이 제품을 보여주기 위한 물리적인 장소에 그쳤다면, 디지털 전환 시대의 공간은 온오프라인의 경계를 허물며 '고객에게 경험을 주는 장소'로 재정의되었다. 지금은 '경험 마케팅'의 시대, 제품을 파는 것이 아니라 경험을 선사하기 위한 전략을 만들어가야 하는 시대다. 이 책에서는 애플, 아마존, 무지 등 세상을 혁신적으로 변화시키는 기업들의 경험 마케팅 전략을 살펴봄으로써, 앞으로 공간이 어떤 역할을 할지 예측해볼 수 있을 것이다.

마지막으로 이 책을 집필하기까지 도움을 주신 많은 분들에게 감사하다는 말을 전하고 싶다.

개인적으로 운영 중인 비영리 학술·연구 단체인 디지털 마케팅 연구소(www.digitalmarketinglab.co.kr)에서 활동하는 학생들에게 감사한 마음을 전한다. 언제나처럼, 그들과 나눈 대화가 책에 나온 아이디어를 발전시키는 데 큰 도움이 되었다. 책이 나올 때마다 큰 격려와 관심을 보내주시는 지인들에게도 지면을 빌려 인사드리고 싶다. 그중에서도 특별히, 많은 공간을 함께 다니며 통찰을 끌어내주고, 바쁜 일정을 쪼개가며 감수해주신 강이원 님께 감사를 전한다. 책의 가치를 더욱 크게 만들어주시는 북스톤 출판사 관계자 분들께도 감사드린다. 이 책이 재미있게 읽힌다면 다 그들의 정성 어린 편집 덕분이라 하겠다. 이외에도 많은 기업과 학계에 계신 분들이 다양한 조언들을 해주었다. 이 자리를 빌려 인사를 드리고 싶다.

|C|O|N|T|E|N|T|S|

CHAPTER 2
사람을 연결시켜 새로운 경험을 만들어라

CHAPTER 3
오감을 자극하는 경험을 선사하라

CHAPTER 4
공간에서 브랜드를 경험하게 하라

CHAPTER 5

온라인과 오프라인을 연결해 고객경험을 설계하라

CHAPTER 1

팔지 마라,
경험하게 하라

24시간 무인양품처럼 살아보세요

2018년, 중국 선전(深圳) 시에 무지 호텔이 문을 열었다. 선전 시는 중국이 야심차게 중국판 실리콘밸리로 키우고 있는 'IT 허브'다. 무지를 유니클로와 같은 SPA 브랜드로 생각하는 소비자라면 '왜 무지가 호텔을?'이라고 의아해할 수도 있다. 하지만 공간에 대한 무지의 기업 철학, 그리고 전략적 행보를 꼼꼼하게 살펴보면 왜 호텔을 지었는지 해석해볼 수 있다.

일본의 무지 유라쿠초 매장을 찾아가 보자. 이곳은 일종의 플래그십 스토어로, 무지가 선보이는 경험 마케팅의 정수를 확인할 수 있다. 가장 먼저 보이는 것은 청과 매장이다. 이곳에서는 화학비료를 쓰지 않은 채소와 과일을 판매하는데, 진열대 위에 설치된 스크린이 단연 눈길을 사로잡았다. 스크린에는 해당 과일과 채소를 재배한 농부들의 영상이 흘러나왔다. 영상에서는 농부들이 어

▲무지 유라쿠초의 청과 코너.

▲청과 매장 옆에 마련한 '농부의 오두막.' 청과 코너에서 보여준 농부들의 이야기와 잘 어울리는 곳이다.

떻게 농사를 지었는지 설명하는 인터뷰와 일상을 살아가는 모습을 보여주고, 이 채소의 장점을 이야기하고, 어떻게 먹으면 맛있는지까지 알려준다. 이로써 모든 제품에 '어느 지역의 누가 재배한 채소이고, 이 방법으로 먹으면 더 맛있다'는 스토리가 만들어진다.

이 청과 매장은 단순한 사업 확장이 아니다. 무지가 생각하는

'좋은 라이프스타일'을 이야기하고 거기에 알맞은 식료품을 소개하며, 해당 식자재를 재배한 농업 생산자를 이야기하면서 '어떻게 먹고 살 것인가'에 대한 무지의 철학을 풀어낸 공간이다.

2층으로 올라가 보았다. 단정하게 정리된 책과 가구, 생활용품들이 늘어선 가운데 가구를 사전 테스트해볼 수 있는 공간이 눈에 띈다. 이곳에서는 판매 중인 가구와 제품을 이용해 자기 집처럼 직접 인테리어를 해볼 수 있다. 머릿속으로만 생각하지 말고 마음껏 꾸며보라는 무지의 제안이다.

지친 고객이 쉬어갈 수 있는 공간도 있다. 커피를 마시거나 간단한 식사를 할 수 있는 카페테리아인데, 요리에는 1층 청과 매장의 채소를 사용한다. 무지가 판매하는 제품을 먹어볼 수 있는 체험 기회다. 카페를 둘러보면 무지가 발행한 요리책도 비치돼 있다. 카페테리아 메뉴의 요리법도 실려 있어, 요리가 마음에 든다면 책과 청과물을 사들고 집에 가서 직접 만들어볼 수도 있다. 체험 공간이 무지 유라쿠초에서 집까지 이어지는 셈이다.

무지가 호텔을 짓는 이유도 마찬가지다. 무지 유라쿠초가 '무지가 생각하는 이상적인 삶'을 제시하고 체험하게 하는 것처럼, 고객은 무지 호텔에 체크인하는 순간부터 무지가 제안하는 라이프스타일에 스며든다. 무지 호텔에 체크인을 하고, 무지의 가구를 느끼며, 무지의 전기 포터로 커피를 마신다. 그런 다음 3층에 있는 무지 도서관에 가서 무지가 큐레이션하고 발행한 책들을 본다. 저녁에는 식당에서 무지가 꼼꼼하게 준비한 식료품들로 조리한 음식을 먹고, 무지의 침대에서 잠이 든다. 매장은 아무리 잘 꾸며두어도 고객을 24시간 이상 잡아두기 힘들지만, 호텔은 일단 숙박하면 오랫동안 고객을 설득하고 경험하게 하는 일이 가능하다.

이처럼 무지는 과일부터 호텔까지, '인간이 어떻게 살아야 하는가'에 대한 그들만의 대답을 끊임없이 보여주고 있다. '인간의 삶 전반'을 담아내는 다양한 제품을 만들면서 말이다. 다만 물건의 종류가 많아 제품만으로는 그들의 철학을 깊이 있게 이야기하기 힘들기 때문에, 설명을 늘어놓는 대신 매장에 방문한 사람들에게 무지의 철학이 담긴 다채로운 '경험'을 전달함으로써 '이렇게 살아가는 것이 무지가 생각하는 좋은 삶입니다'라고 이야기한다. 이것이 무지의 경험 마케팅이다.

경험에 집중하는 기업은 비단 무지만이 아니다. 제조업으로 시작해 리테일 산업에서 최고의 매출을 내는 '혁신의 아이콘' 애플 역시 소비자 경험에 중점을 두고 마케팅 전략을 세우고 있다.

애플스토어의 세계 최고 매출은 어떻게 가능했나

캐나다 몬트리올에서 생활하던 5년 동안, 나는 약속을 잡을 때면 "일단 애플스토어에서 만나자"고 하곤 했다. 실제로 북미에서는 많은 젊은이들이 심심하면 애플스토어에서 시간을 보낸다. 왜 사람들은 애플스토어를 '만남의 광장'처럼 사용할까? 이유는 단순하다. 내가 원하는 것들을 편하게 즐기면서 친구를 기다릴 수 있기 때문이다. 모든 컴퓨터가 인터넷에 연결되어 있고, 음악을 듣거나 영화를 보면서 시간을 보내는 데 아무런 제약이 없다.

2001년 스티브 잡스가 애플스토어 1호점을 열 때 가장 강조했던 것은 '매장에 비치된 모든 전자기기가 인터넷에 연결되어 있게 하라'였다. 그는 고객이 아이패드로 책을 읽고, 아이팟 터치로 최신 음악을 검색해서 듣고, 아이맥으로 최신 게임을 할 수 있도록 했다. 당시 대부분의 전자기기 매장에서는 컴퓨터에 인터넷이 연결되어 있지 않거나, 해당 회사의 홈페이지나 제품 설명 페이지만 볼 수 있었다. 매장은 제품을 판매하는 곳이므로 고객이 기기에만 집중하도록 강제한 것이다. 하지만 스티브 잡스의 운영 방식은 정반대였다. 고객이 제품을 가지고 본인이 원하는 대로 편안하게 놀 수 있도록, 즉 '최상의 고객경험'을 하고 떠나도록 했다.

애플스토어에서는 기기만 갖고 놀 수 있는 게 아니다. 내가 몬트리올의 애플스토어에서 점원과 가장 오래 나눈 이야기는 제품에 관한 것이 아니라 전날 있었던 하키 경기 이야기였다. 애플스토어에서는 점원이 30분 넘게 손님과 하키 이야기로 수다를 떨어도 전혀 문제되지 않는 분위기다. 점원들은 고객에게 제품을 파는 것이 아니라, 그들을 친절하게 대우하고 즐겁게 응대하면서 돈독한 관계를 쌓는 데 집중한다. 매장 매니저들도 점원에게, 고객을 내버려두되 도움이 필요할 때에는 적극적으로 도와주라고 이야기한다.

소매업 리서치 업체 코스타(CoStar)의 조사에 따르면, 리테일 매장들의 평방피트당 매출(sales per square foot)은 2000년대 초반 평균 375달러였지만 최근 325달러까지 떨어지는 등 대부분의 매장이 디지털 전환 시대를 맞아 어려움을 겪고 있다. 하지만 애플스토어만은 평방피트당 5500달러의 매출을 올리면서 1위를 계속 지켜내는 중이며, 이 매출은 리테일 매장의 전통적 강자였던 티파니의 두 배에 이른다. 이유는 물론 앞서 서술한 '최적의 고객 경험' 덕분이다.

그렇다면 그 경험은 어디까지 가능할까? 트레버 모란(Trevor Moran)의 성공담은 애플스토어에서 무엇을 할 수 있는지, 어떤 경험을 만들어낼 수 있는지를 잘 보여준다. 그는 애플스토어에서 춤추는 영상으로 순식간에 150만 명이 넘는 유튜브 구독자를 모았다.

2008년, 당시 열 살이었던 트레버는 애플스토어에서 자신의 유튜브 영상을 찍어 올리기로 했다. 그는 미국 전역 애플스토어에 방문해 그곳에 비치된 컴퓨터로 음악을 틀고, 컴퓨터 카메라로 영상을 촬영했다. 레이디 가가의 'Born This Way', 'Telephone,' 리한나의 'S&M' 등 유명 가수들의 음악에 맞춰 춤을 추는 트레버의 영상은 곧 엄청난 인기를 끌었다.

흥미로운 점은 영상에 등장하는 애플스토어 점원들의 모습이다. 트레버는 컴퓨터 카메라 앵글을 바꿔가면서 애플스토어 곳곳을 활보하는데, 영상 배경에 등장하는 점원들은 음악에 맞춰 트레버와 함께 춤을 추거나 팔을 들어올려 호응하는 등 콘서트 관객처럼 즐기고 있다. 고객이 즐겁다면 애플스토어는 뭐든 허용한다는 방침을 행동으로 보여준 것이다.

트레버의 성공 이후, 재미있는 일들이 계속해서 일어나기 시작했다. 미국 유명 코미디언 마크 맬코프(Mark Malkoff)는 '애플스토어에 도전한다(Apple Store Challenge)' 시리즈로 유튜브에서 수백만이 넘는 조회수를 기록했다. 그는 애플스토어에서 피자를 배달

▼트레버 모란의 영상. 파란 티셔츠를 입은 지니어스(애플 스토어 점원)가 오른쪽의 트레버와 함께 춤을 추고 있다.

시켜 먹기도 했고, 트럼펫 연주자의 음악에 맞춰 아내와 함께 춤도 추었다. 심지어 염소를 데리고 가기까지 했다. 그런데도 마크를 막아서거나 화내는 점원은 없었다. 그저 '와, 멋진데!'라고 했을 뿐이다.

만약 삼성 디지털프라자에서 피자를 시켰다면 어땠을까? LG 베스트샵에서는? 애플스토어에서와 같은 반응을 기대하기는 어려울 것이다. 삼성과 LG의 가전제품은 세계 최고 품질을 자랑하지만, 매장에서는 삼성이나 LG만의 브랜드 색깔을 찾아보기 쉽지 않은 것이 사실이다.

물론 삼성과 LG가 애플스토어와 동일하게 매장을 운영할 수는 없다. 애플과 달리 삼성과 LG는 제품군이 다양하기 때문이다. 하지만 한 가지만은 분명하다. 고객은 단순히 제품 설명만 해주는 사람을 원하지 않는다. 고객은 매장이 가치 있고 재미있는 경험을 제공하는지 끊임없이 살펴보고, 늘 새로운 무언가를 기대한다.

이러한 추세에 발맞추어 삼성과 LG도 매장 안에서 다채로운 실험을 하는 중이다. 삼성전자가 갤럭시 S9을 출시하면서 '갤럭시 팬(fan) 큐레이터'를 모집한 것도 경험 마케팅의 일환이라 볼 수 있다. 갤럭시 휴대폰을 좋아하는 사람들과 인기 유튜버, 얼리어답터를 모아 삼성전자가 운영하는 체험존에서 소비자들의 갤럭시 S9 체험을 돕도록 한 것이다. 소비자의 눈높이에서 소비자와 함께 제품을 즐기려는 시도의 일환이다. 앞으로도 이들은 애플 매장이 어떻게 사람들을 불러모을 수 있었는지에 대한 대답을 자신만의 시각으로 풀어나갈 것으로 보인다.

'팔지 마라, 경험하게 하라'는 애플스토어의 미션은 소비자에게 애플 브랜드에 대한 애정(attachment)을 느끼게 한다. 고객경험을 강조하는 리테일 전략에서는 고객들이 매장 내에서 가능한 한 편안한 마음으로 오래 머무는 것이 중요하다. 고객의 시간을 많이 빼앗을수록, 그들에게 많은 경험을 선사할수록 생존 확률도 높아지는 것이다.

'붐비지 않는 매장'을 팔아라

캐나다에서 처음 애플스토어에 갔을 때였다. 아무리 애플스토어가 특이하다지만 매장인 이상 제품을 파는 곳이라고 생각하던 터라, 제품을 살펴본 후 자연스럽게 계산대 위치를 찾아보게 되었다. 그런데 아무리 둘러보아도 1층에 계산대가 보이지 않았다. 의아한 마음에 한 번 더 꼼꼼히 매장 내부를 훑었으나 역시나였다. 의문과 당황은 애플스토어 전체를 둘러보고 나서야 해소되었다. 계산대는 2층에 있었다.

보통 상점에서 1층 입구 쪽에 두는 계산대를, 애플스토어는 왜 2층에 두었을까? 고객경험을 방해하는 요소를 제거하기 위해서다. 과거에는 매대 중심으로 전략을 수립하고 최대한 많은 제품을 노출시켰지만 요즘은 그 반대, 즉 판매대를 줄이고 소비자에게 더 많은 공간을 돌려주는 추세다.

북미 애플스토어 또한 1층에 계산대가 있으면 줄이 생겨 복잡해질 것이고, 이는 '매장이 혼잡하다'는 부정적인 느낌으로 이어진다고 보았다. 이러한 인상은 즐거운 경험에 방해가 될 수 있으므로 과감히 계산대를 2층이나 3층으로 옮긴 것이다. '물건을 팔지 않아도 좋다. 고객이 즐거운 분위기에서 놀다 떠나도록 하라'는 스티브 잡스의 철학이 반영된 결과다.

매장이 덜 복잡해지고 공간이 여유로워지면 어떤 효과가 있을까? 매장 혼잡도와 고객경험의 상관관계에 대한 최근 연구를 살펴보면 알 수 있다. 소비심리학 연구에 따르면, 소비자가 공간적 제약(spatial confinement)을 느낄 때 '반발(reactance)'이라는 심리적 동기요인이 작동한다고 한다. 이는 자신의 자유가 침해당했다고 느꼈을 때 인간의 내부에서 발생하는 하나의 심리적 동인(특정 행동을 유발할 수 있는 요소)으로 정의할 수 있다. 반발이 작동하면 인간은 자기 자유를 침해하는 대상을 찾아내 적대적인 태도를 보인다.

예를 들어 자동차 매장에 방문했다고 가정해보자. 딜러가 고객에게 지나치게 가까이 붙어 차에 대해 설명하면, 고객은 자신의 공간적 자유가 침해당했다고 여겨 반발 요인이 작동한다. 그 결과 고객은 자유를 침해한 딜러에게 부정적인 태도를 갖게 되고, 그가 하는 이야기를 귀 기울여 듣지 않는다. 딜러가 차를 못 파는 것은 물론이다.

알버트(Stuart Albert)와 댑스(James Dabbs) 교수의 연구 또한 이러한 주장을 뒷받침하고 있다. 이들은 〈성격 및 사회심리학 저널(Journal of Personality And Social Psychology)〉을 통해, 설득하려는 대상과의 거리가 설득 결과에 영향을 미친다는 연구를 발표했다. 연구자들은 서로 처음 만난 피실험자들을 가까운 거리(60cm 전후의 거리), 중간 정도의 거리(1.3m 전후의 거리), 먼 거리(4.3m 전후의 거리)에 떨어져 있도록 한 후 2~5분가량 대화하게 해보았다. 그 결과 중간 거리에 있는 사람들이 가장 편안하게 이야기하며 상대방에게 호감을 가진 반면, 가까운 거리에서 대화한 사람들은 무척 불편해하고 상대방에게도 좋은 감정을 갖지 못했다.

파코 언더힐이 《쇼핑의 과학(Why We Buy?)》에서 설명한 '엉덩이 부딪힘 효과(butt-brush effect)'도 마찬가지다. 리테일 매장을 관찰해보면, 고객이 좁은 공간에서 다른 사람들과 자주 부딪혔을 때 더 빨리 매장을 떠난다는 것이다. 특히 마트에서는 제품을 더 많이 진열하려고 통로 중앙에도 판매대를 설치하곤 한다. 하지만 제품이 더 많이 진열되는 만큼 '엉덩이 부딪힘 효과'도 더 많이 발생하고, 고객이 매장에 머무르는 시간은 줄어들고 만다. 작은 것을 취하려다 큰 것을 잃는 것이다.

매장 혼잡도를 줄이면 고객이 머무는 시간만 늘어나는 것이 아니다. 덜 복잡한 매장은 소비자가 매장을 바라보는 시각에도 영향을 미친다. 즉, 매장이 덜 혼잡해 보일수록 매장의 가치는 올라간다.

백화점이나 면세점을 지나다 보면 흔히 볼 수 있는 광경이 있다. 바로 매장 밖에서 줄 서서 기다리는 사람들이다. 특히 구찌와 같은 명품 매장들은 일정 숫자의 고객들만 매장으로 들여보내고, 나머지 고객은 외부에서 기다리게 한다. 이상한 일이다. 기다리는 것을 좋아할 고객은 아무도 없지 않은가. 그런데도 명품 매장이 이러한 방침을 고수하는 이유는 무엇일까?

가장 큰 이유는 짐작하다시피 매장 혼잡도를 조절하기 위함이다. 명품 브랜드는 높은 수준과 이미지가 생명이기 때문에, 고객을 기다리게 만드는 부담을 감수하고서라도 매장 혼잡도를 조절해 고급스러운 분위기를 조성한다.

소비자는 정말 덜 혼잡한 매장에서 판매하는 제품을 더 고급스럽다고 여길까? 위스콘신 대학과 캔자스 대학 공동 연구진의 대답은 '그렇다'이다.

이들 연구진은 매장에서 소비자가 느끼는 심리적 혼잡도가 매장의 이미지, 매장에 비치된 제품의 가치 평가에 어떤 영향을 주는지 살펴보았다. 한 고객이 보석을 구매하기 위해 A매장과 B매장을 방문한다. 마침 고객의 마음에 드는 보석이 두 곳에 모두 있었다.

하지만 A매장은 매장 구성이 빽빽하고 방문자도 많아 다소 혼란스러웠고, B매장은 혼잡도가 비교적 덜했다. 학자들은 이 연구를 통해, 고객이 B매장에서 제품을 구매했을 때 더 만족했으며 더 높은 비용을 지불할 의향도 생긴다는 점을 밝혀냈다. 즉 같은 상품이라도 고객은 덜 복잡한 매장의 상품에 더 높은 가치를 느꼈다.

연구진은 이러한 발견을 사회심리학 이론을 이용해 설명한다. 사람들은 높은 사회적 밀도(혼잡도)를 낮은 사회적 계층과 연관시키는 경향이 있다. 우리는 사회적 지위가 높은 사람이 더 넓은 공간을 누린다는 사실을 알고 있다. 이러한 이유로 대중은 지나치게 복잡한 공간에 있는 사람들의 계층을 더 낮게 여기고, 이들이 으레 저렴하고 가치가 낮은 제품에 관심을 보인다고 유추하는 경향이 있다. 때문에 같은 물건이라도 복잡한 매장에 진열되었을 때 더욱 평가절하된다.

이 같은 연구 결과는 매장의 혼잡도가 매장의 이미지와 제품 가치에 어떤 영향을 주는지 알려준다. 똑같은 제품이라도 전략에 따라 고급 상품이 될 수도 있고, 떨이처럼 여겨질 수도 있다. 그런데도 여전히 많은 매장이 통로를 막아가며 상품을 더 많이 진열하는 데 열을 올린다. 하지만 이제 제품 중심으로 전략을 구성하는 시대는 지났다. 오래 머물고 싶은 공간, 머무를 때 만족감이 높은 공간을 만들어야 소비자를 만족시키면서 제품의 가치를 상승시킬 수 있다. 제품이 아니라 경험을 팔아야 한다는 것이다.

카페가 커피만 신경 쓸 때 생기는 일

제품이 아니라 경험을 파는 역량에서 타의 추종을 불허하는 기업이 바로 스타벅스다. 알다시피 스타벅스는 커피는 꽤 비싸다. 하지만 불평하는 소비자는 많지 않고, 스타벅스는 항상 만원이다. 그들은 한 잔의 커피를 파는 것이 아니라 스타벅스라는 매장 전체의 경험을 팔기 때문이다. 즉, 매장의 경험이 제품의 가치를 올려주는 것이다. 대표적인 사례가 바로 한국 스타벅스의 카공족(카페에서 공부하는 사람들을 일컫는 용어) 전략이다.

한국 진출 초기, 스타벅스는 카페에서 공부하기 좋아하는 고객층을 발견하고 그들이 더 좋은 환경에서 공부할 수 있도록 전략을 짰다. 당시에는 공짜 와이파이를 제공하는 카페가 많지 않았는데도 인증절차 없이 무료 와이파이를 쓸 수 있게 했으며, 매장 곳곳에 콘센트를 설치하여 노트북을 편하게 이용하도록 했다.

비슷한 시기에 한국 시장에 진출한 커피빈은 정반대 전략을 구사했다. 카페 분위기나 환경 대신 커피에 집중하기로 한 것이다. 커피빈은 매장에서 공부하는 사람이 많아지면 회전율이 떨어지고, 커피를 좋아해서 매장에 오는 사람들이 불편해할 것으로 보았다. 때문에 커피빈 매장은 콘센트를 없애고 와이파이를 제공하지 않는 등 카공족이 불편함을 느끼도록 구성되었다.

결과는 커피빈의 몰락이었다. 2007년 커피빈 매출은 680억 원,

스타벅스는 1300억 원이었지만 2016년 커피빈은 1500억 원, 스타벅스는 1조 원의 매출을 기록했다. 시작점에서는 두 배 정도의 차이였지만, 현재의 커피빈은 투썸플레이스에 이어 이디야와의 경쟁에서도 밀리면서 스타벅스와의 비교가 머쓱해질 정도로 뒤처지고 말았다. 고객에게 최적의 경험을 제공하고자 한 스타벅스의 승리였다.

최근에는 국내 리테일 매장도 경험을 강조하는 공간으로 빠르게 변모하고 있다. 특히 현대백화점은 2015년 판교점을 선보이며 큰 호응을 얻었다. 국내 주요 백화점 3사(롯데백화점, 신세계백화점, 현대백화점)의 영업이익이 2011년 이후 지속적으로 하락하는 시점에서, 판교점은 '다채로운 체험을 하며 즐겁게 놀 수 있는 공간'으로 백화점을 재정의하여 돌파구를 찾았다.

과거 백화점은 고급스러운 분위기와 질 좋은 물건, 품격 높은 서비스의 대명사였다. 하지만 지금은 어떤가? 가성비를 중시하는 20대 젊은이들은 백화점에서 비싼 값에 물건 사는 사람을 시쳇말로 '호갱'이라 여긴다. 인터넷 덕분에 가격 정보가 투명해졌고, 같은 물건을 온라인으로 더 싸게 살 수 있기 때문이다.

이렇게 부정적으로 굳어진 소비자 심리를 어떻게 바꿔놓을 수 있을까? 현대백화점은 물건을 홍보하기보다는 사람들을 백화점에 오도록 만드는 것이 중요하다고 보았다. 또한 사람을 움직이게 하는 것은 결국 경험이기 때문에, 제품이 아니라 경험을 팔아야만 고객을 모을 수 있다고 판단했다. 현대백화점 판교점에 체험형 매장이 많은 이유다.

현대백화점 판교점은 특히 식품관에 공을 들였다. 일단 사이즈부터 남다르다. 축구장 두 배 크기인 1만 3860㎡의 공간에 이탈리아 유명 식자재 브랜드인 이탈리, 뉴욕에서 가장 유명한 빵집인 매그놀리아, 지방 유명 브랜드인 삼진어묵 등 다양한 식품 매장과 음식점이 포진해 있다.

가로수길이나 연남동 철길처럼 '걷기 좋은 핫플레이스' 느낌을 주는 것도 특징이다. 효율성에 집중하던 네모반듯한 동선을 버리고, 통로를 사선이나 구불구불한 형태로 만들어 골목길처럼 구성

▼현대백화점 판교점의 이탈리 매장. 넓은 매장에 층고도 높여 둘러보기 좋게 했고, 통로도 구불구불한 골목길처럼 구성해 걷기 좋은 핫플레이스처럼 꾸몄다.

했다. 일반 식품관보다 훨씬 높은 7m 층고 또한 열린 분위기를 만드는 데 한몫했다. 곳곳에 배치한 의자와 테이블도 고객을 편안하게 만들어준다.

현대백화점 판교점이 문을 열자, 이 식품관을 둘러보기 위해 수많은 고객이 몰려들었다. 이 같은 인기는 '분수 효과(fountain effect : 아래층을 찾는 고객의 동선을 위층까지 유도해 전체를 활성화시키는 효과)'를 만들어, 위층 매장에도 발길이 끊이지 않게 되었다. 현대백화점 판교점의 성공 이후, 많은 백화점이 식재료 매장과 레스토랑을 결합한 '그로서란트'에 공을 들이고 있다.

현대백화점은 식품관만 체험형으로 구성한 것이 아니다. 백화점 전체가 고객경험을 위해 열려 있다. 개점 초기에는 '플레이울'이라는 매장을 운영해 매일 뜨개질 수업을 열기도 했는데, 매장에서 체험해보고 마음에 들면 실과 도구를 구입해 자신의 옷을 만들어볼 수 있었다. 가죽 공방인 '토글' 매장에서는 자신만의 지갑을 만드는 강좌를 열었고, 도자기 브랜드 '이도' 매장에서는 차를 음미하면서 자연스레 다기에 접근하도록 했다. 직접 제빵을 할 수 있는 빵집, 원하는 대로 튜닝할 수 있는 자전거 매장도 있다.

매장 각 층에 커피숍을 입점시킨 전략도 흥미롭다. 보통 백화점에서는 가장 꼭대기층이나 지하 식품관에만 커피숍이 있지만, 현대백화점 판교점에는 각 층마다 어울리는 커피숍이 자리 잡고 있다. 예컨대 모두투어가 운영하는 2층의 '트래블갤러리'는 여행소

▲현대백화점 판교점 2층의 트래블 갤러리. 편안하게 쉬면서도 여행에 필요한 상품을 둘러볼 수 있다.

품과 캐리어 매장, 사진관 그리고 커피숍으로 구성돼 있는데, 휴식을 취하면서 여행상품과 캐리어 등을 둘러볼 수 있도록 꾸몄다.

경험에 방점을 찍은 현대백화점 판교점은 개점 3년이 지난 2018년 8월 총 방문자(추정) 7000만 명을 기록했고, 2017년 한 해 매출만 8000억 원을 넘어서며 큰 성공을 거두었다.

롯데마트도 경험 제공에 적극적이다. 2017년 4월, 롯데마트는 서울 양평점에 단독 매장을 냈다. 종합 쇼핑몰에 입점하지 않고 단독 매장을 설립한 것은 12년 만이었다. 기존과 다른 매장을 고민하던 롯데마트는 2015년 아모레퍼시픽에서 20년 이상 근무한 디자이너 출신 서현선 상무를 영입했고, 그가 첫 작품으로 내놓은 것이 바로 이 양평점이었다.

이곳의 가장 큰 특징은 1층의 제품 비치 공간을 최소화했다는 점이다. 그 공간은 고스란히 소비자를 위한 휴식처로 돌아갔다. 보통 마트 1층은 매출이 가장 많이 나는 '골든 존'이다. 하지만 롯데마트 양평점 1층에는 판매대 대신 인공 숲 '어반 포레스트(urban4rest)'와 무대가 있다. '힐링을 주는 도심의 숲' 컨셉으로, 마치 공원이나 카페처럼 편안한 분위기다. 무대에서는 종종 문화 이벤트도 진행돼 지역 주민들의 호응을 얻고 있다.

양평점 부근의 양평동, 문래동, 당산동은 20~30대 인구 비중이 상대적으로 높기 때문에, 롯데마트는 편리함만 강조해서는 이들을 마트로 불러오기 어렵다고 판단한 것이다. 이처럼 현대인은 물

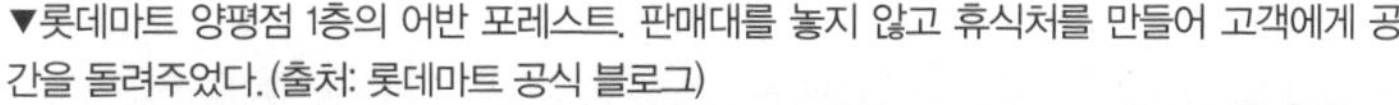
▼롯데마트 양평점 1층의 어반 포레스트. 판매대를 놓지 않고 휴식처를 만들어 고객에게 공간을 돌려주었다.(출처: 롯데마트 공식 블로그)

건을 사는 것보다 경험하는 데서 더 큰 행복을 느낀다. 이 점을 인식한 기업들은 롯데마트처럼 매장의 골든 존을 고객의 공간으로 내놓기 시작했다. 신세계도 그중 하나다.

쇠락해가는 코엑스몰을 인수한 신세계는 코엑스몰 부활의 열쇠가 경험에 있다고 보고, 정중앙 노른자 땅에 매장이 아닌 '별마

▼코엑스몰 한가운데의 별마당도서관. 도서관 자체는 매출을 내지 않지만, 인근 매장 매출이 30% 이상 오르고 공실률도 회복되면서 코엑스몰 부활의 열쇠가 되었다.

당도서관'을 만들었다. 책이야말로 가장 다채로운 경험을 줄 수 있는 문화 콘텐츠이기 때문이다. 이곳에서는 북 콘서트, 시 낭송회, 인문학 강연 등 문화 프로그램이 정기적으로 열려, 오가는 사람들의 관심이 끊이지 않는다. 독서 모임을 위한 공간도 있다. 이 전략은 성공을 거두어, 한때 10%에 다다랐던 공실률이 0% 가까이 회복되고 별마당도서관 인근 매장 매출은 30% 이상 올랐다.

지금까지 소개한 애플과 스타벅스, 현대백화점, 코엑스 별마당도서관의 전략은 모두 '팔지 말고 경험하게 하라'로 요약할 수 있다. 물건을 팔기보다는 물건을 둘러싼 공간에 집중하고, 제품에 대한 이야기를 소비자와 함께 만들어가면서 색다른 경험을 제공한 결과다. 이처럼 고객 중심으로 매장을 재정비하는 것이 최근 리테일 혁신의 추세다. 많은 기업이 매장에서는 반드시 제품을 팔아야 한다는 고정관념을 버리고, 소비자에게 가치를 주는 형태로 공간을 변화시켜가고 있다.

소유가 아니라 경험이다

나에게 두 가지 옵션이 주어졌다고 생각해보자. 당신이라면 무엇을 고를 것인가?

— 옵션1: 당신의 연봉이 8000만 원인데,
친한 친구들의 연봉은 1억 원인 상황
— 옵션2: 당신의 연봉이 7000만 원인데,
친한 친구들의 연봉은 6000만 원인 상황

위 상황은 물질재(material things)와 경험재(experiential things)에 대한 심리학자들의 실험이다. 학자들은 실험에 참가한 사람들에게 두 가지 옵션을 주고 둘 중 하나를 선택하게 한 후 그들이 무엇을 선택하는지, 선택에 시간이 얼마나 걸리는지를 관찰했다.

이성적으로 판단한다면 당연히 옵션2(연봉 7000만 원)보다 연봉이 더 많은 옵션1(연봉 8000만 원)을 선택해야 한다. 하지만 실험에 참가한 많은 이들이 쉽게 결정하지 못했고, 긴 고민 끝에 옵션2를 선택하곤 했다. 왜일까? 바로 타인과의 비교 때문이다. 돈을 조금 덜 벌더라도 매일 보다시피 하는 가까운 사람들, 친구들보다는 많이 받고 싶은 것이다.

이처럼 물질재는 비교를 통해 가치를 증명한다. 우리는 끊임없이 내 물질재를 타인의 것과 비교하면서 평가한다. 물질로 얻는 행복에 한계가 있는 이유가 여기에 있다. 재벌로 태어나지 않은 이상 나보다 더 비싼 물질을 소유한 사람들은 너무나도 많기 때문이다. 하지만 경험재에 대한 평가는 조금 다르다. 두 번째 실험을 보자.

— 옵션1: 당신의 휴가는 2주인데,
친한 친구들은 1주간의 휴가를 가는 상황
— 옵션2: 당신의 휴가는 4주인데,
친한 친구들은 8주간의 휴가를 가는 상황

이 실험에서는 참가자 대부분이 망설임 없이 2주 더 긴 휴가를 선택했다. 휴가와 같은 경험재의 가치를 평가할 때는 남들과의 비교가 중요하게 작용하지 않았다. 사람들은 나의 경험재와 다른 사람의 경험재를 비교 대상으로 보지 않고, 전혀 다른 가치를 지닌 독립적인 대상으로 인식했다.

이처럼 경험재는 경쟁 비교라는 틀에서 물질재보다 자유롭기 때문에, 과열 경쟁에 지친 현대사회 소비자들은 남들과의 비교가 필요한 물질재보다 내 기준의 행복을 얻을 수 있는 경험재를 더 선호한다.

코넬 대학교 심리학과 토머스 길로비치(Thomas Gilovich) 교수의 실험을 보자. 참가자들은 두 가지 다른 상황에 놓인 자신을 상상해야 한다. 첫 번째 실험은 경험재를 구매한 후 기다리는 동안 느끼는 감정을 설명하는 것이다. 참가자에게 레스토랑이나 본인이 좋아하는 가수의 콘서트에 입장하기 위해 기다리는 상황을 상상해보라고 한 후, 기다림과 관련된 자신의 감정 상태를 표현하게 했다. 두 번째 실험은 스마트폰 등 물질재를 구매한 후 기다릴 때 느껴지는 감정을 설명하는 것이었다.

결과는 놀라웠다. 참여자들은 경험재를 기다리는 상황에서는 '기대된다', '흥분된다'와 같은 긍정적인 감정을 적극적으로 표현했다. 반면 물질재는 '(기다리느라) 짜증난다', '조바심이 난다' 등 부정적인 감정이 대부분이었다. 이 결과에 따라 연구진은 경험재가 물질재에 비해 소비 과정의 시작부터 더 큰 행복감을 준다는 결론에 도달했다.

이는 최근의 소비 패턴 변화에도 잘 나타난다. 2015년 미국 상무부는 소비자들이 물건을 구매하는 것보다 경험에 돈을 쓰는 비중이 더 커지고 있다고 발표했다. 사람들은 자동차나 휴대폰을 사기보다 유명 요리사의 레스토랑에 가거나 좋아하는 가수의 콘서트, 인기 있는 뮤지컬 티켓을 구매하는 데 더 많은 돈을 썼다. 특히 이러한 현상은 30대까지의 젊은 층에서 더 뚜렷했다. 2014년 미국 이벤트브라이트(Eventbrite) 사가 20대 전후 연령층을 대상으로 한 조사에서도 응답자의 72%가 물질재보다는 경험재에 더 많은 돈을 쓸 계획이라고 했다.

물질재 소비는 타인과 공유할 수 없지만 경험재 소비는 공유가 가능하다는 점 또한 경험재만이 줄 수 있는 행복이다. 물질재는 함께 돈을 낸다고 해서 다 공유할 수 있는 게 아니지만, 친구와 함께한 4주간의 유럽 여행은 영원히 공유할 수 있다. 경험재는 소비 과정에서 타인과 이어져 있다는 느낌으로 인간의 소속 욕구를 채워

주기 때문에, 물질재보다 소비자를 더 행복하게 만든다.

디지털 혁명 속에서 공유경제(sharing economy)를 기반으로 한 각종 서비스가 인기를 끄는 것도 같은 이유다. 공유경제의 기저에는 물질을 독점하지 않고 공유하는 방향을 선택함으로써 가질 수 있는 경험이 있다. 이제 좋은 물건을 만드는 것만으로 충분하지 않다. 좋은 물건이 어떤 공간과 배경을 통해 판매되는지, 어떤 경험을 할 수 있고 또 어떻게 공유할 수 있는지가 중요하다.

경험도, 자동차도, 취향도 공유한다

'당신이 소유한 것이 당신을 정의한다(You are what you own)'는 말이 있다. 차와 집 그리고 옷이 결국 우리가 어떤 사람인지 말해준다는 의미다. 하지만 디지털 전환 시대의 소비자는 '어떤 서비스에 접근할 수 있는지(You are what you access)'로 스스로를 정의한다. 쏘카로 이동하고, 위워크에서 일하며, 밀리의서재 월정액 서비스로 책을 읽는 공유경제 시대가 온 것이다.

물건뿐 아니라 에어비앤비처럼 공간을 공유하는 것도 이제는 낯설지 않다. 창업을 한다면 과거에는 사무실부터 구하러 다녔지만, 이제는 간편하게 위워크나 스튜디오 블랙 등의 코워킹 스페이스(co-working space)에 입주하는 사례가 많아졌다.

공간이 공적인 의미로 받아들여지면서 공유경제를 기반으로 한 수많은 서비스가 등장했고, 이들 사업이 성공을 거두자 다양한 형태의 공유 서비스가 도전장을 내밀었다.

소파사운즈(SOFAR Sounds)는 전문 공연장이 아니라 평범한 집이나 카페, 사무실, 갤러리 등 다소 좁은 공간에서 아티스트와 관객을 연결해주는 서비스로, 'Song From A Room'의 약자다. 전문 공연장에서 공연하기가 여의치 않은 아티스트들을 모집해, 놀고 있는 공간을 공연장으로 사용하고 싶어 하는 호스트와 연결해준다. 소파사운즈를 이용하면 거실과 리테일숍 등 평범하고 일상적인 공간도 멋진 콘서트장으로 변신한다.

▼소파사운즈는 평범한 집, 흔한 공간도 특별한 콘서트가 열리는 공연장으로 만들어준다.(출처: 소파사운즈 홈페이지)

소파사운즈는 제비뽑기 방식으로 운영된다. 온라인에서 참여 신청을 하면, 공연 5일 전에 참석 가능 여부를 알려준다. 티켓을 살 수 있다 해도 아티스트가 누군지는 공연장에 오기 전까지 알 수 없다. 장소도, 아티스트도, 나의 공연 참석 가능성까지도 순전히 운인 셈이다. 그럼에도 사람들은 소파사운즈의 공연을 신청한다. 불확실성만이 줄 수 있는 특유의 기대감 때문이다. 운이 좋다면 마음에 쏙 드는 아티스트의 공연을, 콘서트장처럼 번잡하지 않은 의외의 장소에서 소수의 몇 명과 볼 수 있다.

소파사운즈의 성공은 일상적인 공간을 독특한 공연장으로 만들어 특별한 경험을 주는 데 있다. 당신이 거대 공연장에서 열리는 유명 뮤지션의 공연에 간다면 그 경험은 큰 화제를 모으지 못할 것이다. 하지만 프라이빗한 공간에서 우연히 보게 된 실력파 뮤지션의 공연은 다시 만나기 어려운 행운이다.

그런가 하면 원파인디너(One Fine Dinner)는 집밥 요리를 공유하고 싶은 호스트들을 모집한다. 한국인뿐 아니라 미국, 일본, 파키스탄 등 여러 곳에서 온 각양각색의 사람들이 모여 자신만의 스토리가 있는 집밥 레시피를 온라인에 공유하고, 자기 집이나 쿠킹 스튜디오, 레스토랑 등 다양한 곳에서 요리를 만들어주거나 요리 수업을 진행한다. 호스트의 집밥 이야기를 읽고 프로그램을 신청하면, 호스트가 만든 요리를 같이 먹으면서 음식 정보를 공유할 수 있다.

그뿐 아니라 원파인디너는 프로그램을 위한 공간을 조율해주고, 참여한 사람들에게 통역 서비스를 제공하기도 한다. 서비스의 핵심은 호스트에게서 그의 집밥에 담긴 문화와 사람 이야기를 듣고 해당 문화를 이해하는 것이기 때문이다. 즉 원파인디너는 레시피 제공 서비스가 아니라, 다양한 문화권의 호스트와 함께하는 소셜 다이닝 서비스다.

공유경제 세대에게는 자동차도 '반드시 사야 하는 것'이 아니다. 한 번은 강의 도중 대학생들에게 이상적인 자동차를 물어본 적이 있다. 값비싼 수입차를 원하는 학생들도 많았지만, 의외로 많은 학생들이 카셰어링 서비스인 쏘카나 그린카를 취업 이후에도 이용하겠다고 이야기했다.

"자동차요? 자장면 배달처럼 사용할 수 있었으면 좋겠어요."

한 학생은 자동차를 자장면에 비유하면서, 배달 음식처럼 필요할 때 가져다주고 다시 가져가는 것이 좋다고 말했다. 멋진 차를 '사는' 것이 꿈이었던 시대에서, 이제는 내가 원하는 대로 차를 '이용하는' 시대가 된 것이다.

젊은 세대는 자동차를 소유가 아니라 공유의 개념으로 본다. 집 한 채 마련하기 어려운 시대인데, 무리해서 차까지 구입하면 주차공간, 보험료, 세금 걱정까지 힘에 부친다. 하지만 쏘카나 그린카는 휴대폰으로 간편하게 예약할 수 있고 주차공간 걱정도 없다. 실제로 현대모비스에서 2017년 대학생을 대상으로 실시한 자동차 인식 조사에서는, 카셰어링을 선호하는 이유로 '이용이 편리해서'가 '비용 혜택'과 함께 1위를 차지했다.

흥미로운 사실은 3위 응답이 '다양한 차종 선택이 가능해서'였다는 것이다. 자동차를 사면 짧게는 2~3년, 길게는 5년 이상 하나의 차만 타고 다녀야 한다. 하지만 카셰어링은 유지비용도 적을 뿐더러 다양한 차를 상황에 맞게 이용할 수 있기 때문에 선호한다는 의견이 많았다. 이처럼 공유 자동차 시장에는 다양한 차량을 맘껏 타보고 싶다는 경험적인 측면의 니즈가 존재한다. 그런 이유로 최근 많은 자동차 브랜드들이 잡지처럼 월 구독료만 내면 다양한 자동차를 타볼 수 있는 서비스를 내놓고 있다.

포르셰는 '포르셰 패스포트(Porsche Passport)' 프로그램을 론칭해 카셰어링 서비스에 뛰어들었다. 월 2000달러만 내면 비즈니스 미팅을 위한 기품 있는 파나메라, 주말 캠핑에 적합한 포르셰 마칸, 일탈을 위한 포르셰 911 카레라 등을 즐길 수 있다. 물론 유지보수는 회사 담당이다. 고객의 라이프스타일에 맞는 자동차를 경험해볼 수 있다는 것이 이 서비스의 가장 큰 장점이다. 볼보, 캐딜락, 벤츠 등도 비슷한 서비스를 준비하고 있다.

자전거 공유 서비스도 활발하다. 국내에서는 모바일 어플리케이션 '라이클(Lycle)'이 주목받고 있는데, 매일매일 새로운 자전거를 타볼 수 있을 뿐 아니라 서울 시내에서 자전거를 타고 달리기 좋은 코스를 추천해준다. 오프라인 매장에서 코스 정보를 제공하

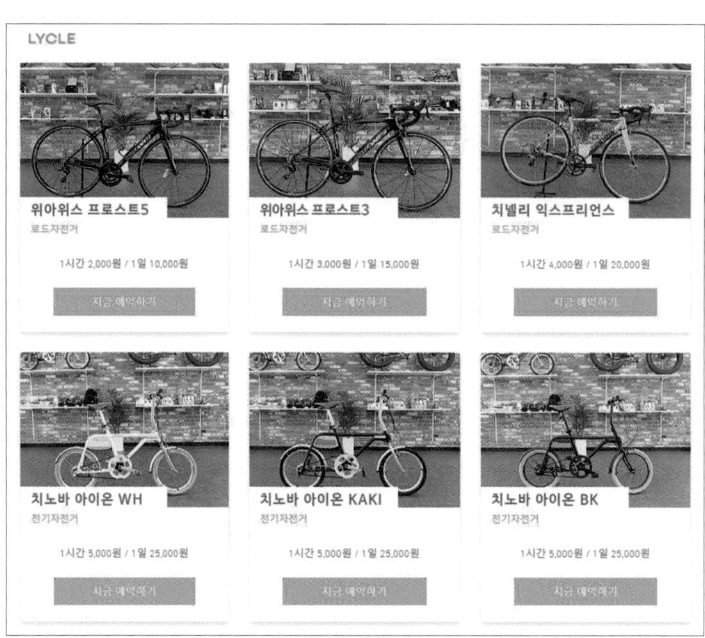

▲자전거 공유 서비스 라이클을 이용하면 그때그때 원하는 자전거를 선택할 수 있다. 대여만 해주는 것이 아니라 가볼 만한 코스도 추천해준다. (출처: 라이클 홈페이지)

기도 한다. 이렇게 공유 자전거 서비스 역시 단순 대여에서 다채로운 경험을 제공해주는 방향으로 발전하는 중이다.

취미나 옷도 공유의 영역으로 들어온 지 오래다. 현대사회는 취향의 시대로, 젊은이들은 자신만의 개성을 드러내는 다양한 취미생활을 끊임없이 탐색한다. 문제는, 어떤 취미가 나에게 맞는지 알려면 계속해서 돈을 들여야 한다는 것이다. 야구를 하려면 배트나 글러브를 사야 하고, 연주를 하려면 악기가 있어야 한다. 독서

나 영화 감상처럼 비교적 비용이 덜 드는 '예전 취미'와는 시작부터 다르다. 막상 해봤더니 나에게 맞지 않아 돈만 날리는 경우도 허다하다.

이에 취미를 미리 체험하게 해주는 다양한 서비스들이 등장하기 시작했다. '플레이앤셰어(PlayandShare)'는 일종의 취미용품 공유 플랫폼이다. 온오프라인 플랫폼을 통해 멤버십에 가입한 사람들은 전동휠이나 드론 같은 최신 장비부터 게임기 등 단순한 장비까지 다양한 용품을 빌려 사용할 수 있다. 반대로, 자신이 비싸게 샀지만 사용하지 않는 취미용품이 있다면 플랫폼을 통해 다른 사람들과 공유함으로써 돈을 벌 수도 있다. 하루 체험 비용을 지불하면 배움이 필요한 취미를 지원하는 '프립(Frip)'도 인기다.

옷 공유 서비스도 활발하다. 알다시피 옷은 남들과 공유하기 힘든 매우 개인적인 아이템이다. 그래서 옷을 공유하는 것은 차나 취미용품, 사무용품을 공유하는 것과 의미가 전혀 다르다. 옷은 신체와 가장 많이, 가장 자주 닿는 물건이라 공유하는 데 심리적 저항이 있기 때문이다. 하지만 '렌트더런웨이(RTR, Rent the Runway)'가 성공하면서, 서비스가 제공하는 경험이 가치 있다면 옷도 기꺼이 공유할 수 있다는 사실이 입증되었다.

렌트더런웨이는 한 달에 99달러를 내고 멤버십에 가입하면 유명 디자이너 브랜드 수백 곳의 옷을 입어볼 수 있는 서비스로, 대여 아이템이 10만 가지가 넘는다.

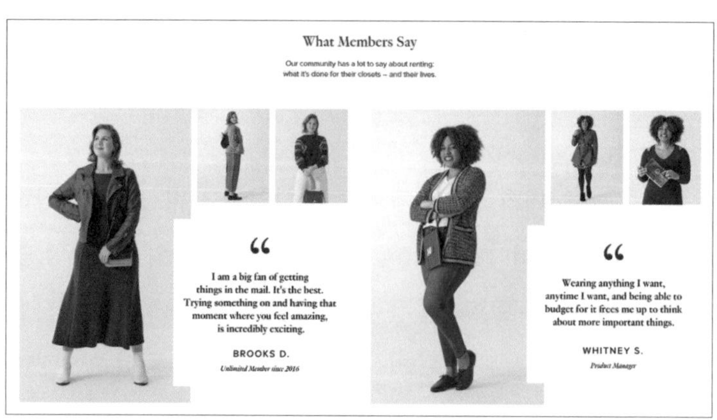

▲렌트더런웨이는 고객에게 어울리는 옷, TPO에 맞는 옷을 큐레이팅해 준다. 이용료는 한 달 99달러. (출처: 렌트더런웨이 홈페이지)

한 달 99달러의 비용이 결코 적다고는 할 수 없다. 그러나 공유경제 서비스의 핵심은 적은 돈을 지불하고 즐긴다는 점이 아니라, 해당 고객에 가장 적합한 옵션을 큐레이팅하여 정확하게 전달해준다는 데 있다. 렌트더런웨이 또한 '당신에게 어울리면서 TPO(time, place, occasion)에도 맞는 옷을 골라주겠다'는 점을 내세워 2016년 100만 달러의 수익을 내며 크게 성공했다.

렌트더런웨이의 사이트에 들어가면 휴가용 옷을 찾는지, 화려한 데이트 나잇을 위한 옷이 필요한지, 결혼식용 파티복이 필요한지, 회사에서 입을 옷이 필요한지 묻는다. 이후 신체 사이즈 등에 대한 추가적인 질문이 이어지고, 이 답변에 기초해 수십만 가지의 패션 아이템 중 적합한 것을 큐레이팅해 준다. 이렇듯 렌트더런웨이가 강조하는 것은 '나에게 딱 맞는 나만의 옷을 컨설팅받아 보다 멋진 라이프스타일을 즐길 수 있다'는 메시지다.

가성비 말고 가잼비, 제품 말고 소확행

사람들이 소유보다 경험에 더 큰 가치를 부여한다는 사실은 '가잼비' 현상으로도 설명할 수 있다. 가잼비는 가격 대비 높은 재미(잼)를 준다는 뜻으로 가성비(가격 대비 높은 성능을 보장), 가심비(價心比, 가격 대비 높은 만족감을 주는 것)에 이은 새로운 소비 트렌드다. 과거 '펀(fun) 마케팅'의 신규 버전인 셈이다.

최근 들어 제품의 편익 때문이 아니라 제품이 제공하는 재미 때문에 지갑을 여는 경우가 많아지고 있다. 지금까지 편익 위주로 신제품을 기획하던 기업들도 변화를 감지해 이제는 소비자가 원하는 경험인지 무엇인지 생각하고 제품을 만드는 추세다.

이에 따라 엉뚱하지만 일상생활에 소소한 재미를 주는 제품을 이용한 프로모션이 늘고 있다. 2018년 3월, 배스킨라빈스는 '츄파춥스 파티미러볼' 화이트데이 프로모션을 실시했다. '혼밥(혼자 밥 먹기)', '혼노(혼자 노래방 가서 놀기)' 등 혼자 놀기 문화가 확산되는 점에 착안하여, '혼노는 계속되어야 한다'라는 카피로 핑크색 미러볼을 판매한 것이다. 그 어떤 방이라도 작은 노래방으로 바꿔준

▲'츄파춥스 파티미러볼' 화이트데이 프로모션. 어떤 방이라도 작은 노래방으로 바꿔준다는 이 기획은 큰 인기를 끌어, 매장마다 '미러볼 대란'을 불러왔다.(출처: 배스킨라빈스 홈페이지)

다는 기획이었다.

2000원가량의 돈으로 소소한 재미를 주는 미러볼은 프로모션이 시작되자마자 매진되었고, 인터넷 커뮤니티에는 어느 지점에 가야 미러볼을 살 수 있는지 묻는 게시글이 넘쳐났다. 뒤이어 출시된 '오버액션토끼 블루투스 마이크'도 인기를 끄는 등, 젊은 이들에게 소소한 재미를 주는 가잼비 제품이 계속해서 큰 반응을 얻고 있다.

과거 소비자들은 제품을 구매할 때 더 싼 가격을 찾기 위해 여러 사이트를 돌아다녔다. 이 과정은 싼 가격에 살 수 있다는 효용적인 측면에서는 이득이었을지 몰라도, 시간을 들여 아곳저곳 찾아다니고 꼼꼼하게 비교해야 한다는 점에서는 손실이었다.

때문에 최근 많은 유통기업들은 효용이 아닌 재미를 내세워 사이트를 더 자주 방문하도록 유도하고 있다. 티몬은 2018년 6월, 티몬 앱에 접속한 고객을 대상으로 매주 퀴즈쇼를 진행해 상금을 지급하는 '몬스터 퀴즈쇼'를 열었다. 회당 총 상금은 100만 원으로, 마지막까지 살아남은 우승자들에게 총 상금을 티몬 적립금으로 나눠 지급했다. 퀴즈쇼 참가자들은 상품을 찾기 위해, 혹은 가격을 알아보기 위해 어플에 접속하는 것이 아니라, 일주일에 한 번씩 온라인에서 여러 사람과 경쟁하는 재미를 얻기 위해 티몬을 찾는다.

문제도 어렵지 않다. '신조어 'P;ㅠ'의 뜻은?'처럼 소비자에게 재미를 주는 문제를 많이 배치했다. 퀴즈를 진행하는 시간 또한 일반인이 가장 피로감을 느끼는 수요일 점심시간으로 잡아, 소소한 재미로 잠시나마 피로를 잊도록 했다.

라이브로 진행하는 이 퀴즈의 인기는 날로 커지고 있다. 초기에는 퀴즈 참여자가 천 명 단위였으나, 6개월이 지나자 만 명 단위가 되었다. 인터넷에서는 몬스터 퀴즈쇼 기출 문제를 공유하고 공부하는 사람들이 있을 정도다.

'보물찾기'로 소비자를 끌어들인 사례도 있다. 위메프는 '가격이 너무 싸서 많이 알려지면 곤란하다'는 컨셉으로 비공개 특가 보물찾기 프로모션 '히든프라이스'를 진행했다. 매일 선정된 몇 개의 제품들이 히든프라이스 프로모션 코너에 올라오는데, 가격은 0원으로 표시되어 있다. 제품을 더 알아보고 싶으면 0원을 결제하면 되고, 결제한 고객에게는 해당 제품의 진짜 가격을 알 수 있는 URL이 전송된다.

히든프라이스는 진짜 가격이 얼마인지에 대한 소비자의 호기심을 자극했고, 그 반응은 가히 폭발적이었다. 2018년 7월 1일 시작된 이 프로모션에서는 열흘 만에 구매자가 40만 명을 넘어섰다. 어릴 적 보물찾기 게임에서 쪽지를 열어보던 것처럼, 제품과 가격 정보를 개봉하는 과정 자체에서 재미를 느꼈기 때문이다.

제품 기획 단계에서부터 가잼비에 초점을 맞추는 경우도 늘어나고 있다. '페니 럭(Penny Luck)'은 '행운을 신으세요(Wear your luck)'라는 컨셉의 신발 브랜드다. 언뜻 보면 평범한 신발 같지만, 밑창을 보면 특이하게도 1페니 동전이 붙어 있다. 미국에는 길에 떨어진 1페니 동전을 주우면 행운이 온다는 말이 있다. 행운을 빈다는 뜻으로 1페니 동전을 선물하기도 한다. 페니 럭은 이러한 행운을 신발에 담았다는 브랜드 스토리로 고객에게 재미를 주면서 좋은 반향을 불러일으켰다.

국내에서는 '펀샵(Funshop)'이 가잼비 제품으로 눈길을 끌고 있다. '어른들을 위한 장난감 가게' 컨셉으로 운영되는 이 숍은 순수하게 재미를 추구하는 잡다한 물건으로 유명하다. 2002년 오픈 당시부터 기발한 아이디어의 전자제품을 지속적으로 내놓으며 '덕후'들의 성지가 되었다.

황당하지만 확실한 재미를 주는 기획전도 정기적으로 개최한다. 월드컵 기간에는 '방구석 월드컵'이라는 기획전도 있었다. 방에서 혼자 혹은 친구들과 월드컵을 즐길 때 반드시 구매해야 할 제품을 소개한 것이다. 제품 설명 또한 펀샵 에디터들이 직접 물건을 써보고 재미있게 풀어낸 독특한 글이 대부분이다. 제품을 찾

▲신발 바닥 한가운데에 1페니 동전이 붙어 있는 '페니 럭.' 1페니 동전의 행운을 신발에 담았다는 브랜드 스토리로 재미를 주었다.(출처: 페니 럭 홈페이지)

아보고 리뷰를 읽어보는 것만으로도 즐거움을 줄 수 있도록 노력한 결과다. 이렇게 독특한 컨셉으로 승승장구하던 펀샵은, 그 가능성을 높게 본 CJ오쇼핑에 2017년 인수되었다.

물건이 특이하지 않더라도 소비자 스스로가 소비행위 자체에 특정한 재미를 부여하기도 한다. '탕진잼'은 돈을 탕진할 만큼 소비하면서 재미를 느낀다는 뜻이다. 물론 전 재산을 탕진하거나 쓸데없는 물건을 사는 것은 아니고, 저렴한 제품을 구매하면서 돈

▲'방구석 월드컵' 기획전에 나온 '일루전시어터 관람 박스.' 종이박스에 스마트폰을 넣고 모자처럼 머리에 쓰면 여러 사람과 함께 경기를 관람하는 것 같은 느낌을 준다.(출처: 펀샵 홈페이지)

쓰는 재미를 경험한다는 의미다. 이에 따라 다양한 아이템을 파는 저가형 라이프스타일 숍이 성장세를 이어가는 중인데, 그중에서도 1000원, 2000원 균일가로 상품을 판매하는 '다이소'가 대표적이다.

다이소는 20~30대에게 '탕진잼을 느낄 수 있는 장소'로 첫손에 꼽힌다. 꼭 필요하지 않아도 확실한 행복을 주는 제품들을 마음껏 구매할 수 있기 때문이다. 예를 들어 다이소에서 거품이 잘 나는 클렌징 폼 펌핑 용기를 구매하면, 클렌징 폼을 손으로 문질러 사용할 때보다 세수 느낌이 더 좋아져 행복을 느낀다는 식이다.

탕진잼과 비슷한 개념으로 '시발비용'이 있다. 스트레스를 받았을 때 홧김에 쓰는 비용, 혹은 기분을 풀기 위해 하는 소비다. SNS에서는 시발비용으로 적절한 아이템을 추천하는 글도 많은데, 탕진잼과 마찬가지로 적은 비용으로 확실한 재미를 주는 제품이 주를 이룬다. 키보드를 DIY할 수 있는 조약돌 모양 키보드 자판, 개인정보를 지워주는 비밀보장 스탬프 등 재미있고 저렴한 제품들이다. 탕진잼과 시발비용 관련 제품들이 SNS상에서 20대들에게 좋은 반응을 얻자 다이소, G마켓 등 유통업체들은 이러한 제품들을 지속적으로 개발·판매하고 있다.

이제 기업은 제품을 만들 때 기능과 편익만을 생각해서는 안 된다. 20대를 중심으로 한 젊은 소비자들은 필요가 아니라 재미를 위해 지갑을 연다. 서비스나 제품을 통해 재미와 행복을 느낄 수 있어야만 돈이 아깝지 않다고 여기는 것이다.

그렇다면 소비자들의 지갑을 열게 하는 행복은 무엇일까? 2018년 한 해, '소확행(小確幸)'은 2030의 소비문화를 관통하는 키워드였다. 그에 따라 일상에서 자신에게 줄 수 있는 소소한 행복을 위해 제품이나 서비스를 소비하는 경향이 뚜렷해졌다.

셀프 인테리어 소품 시장은 소확행 열풍에 힘입어 크게 성장했다. 남들에게 자랑할 만한 대단한 인테리어나 큰 집이 아니더라도, 집 안을 독특하고 아늑하게 꾸밀 수 있는 소품이 젊은 층을 중심으로 큰 인기를 끌었다. 캔들워머, 패브릭포스터, 식물, 조명 등이 대표적인 품목이다.

홈퍼니싱('집home'과 '단장하는furnishing'의 합성어)을 기반으로 한 플랫폼도 있다. '오늘의집'은 집안을 꾸밀 소소한 상품을 판매하는 홈퍼니싱 온라인 플랫폼으로, 인테리어 정보도 함께 제공한다. 어플리케이션 누적 다운로드 170만 이상, 월 이용자 수 130만 명을 기록하며 젊은이들 사이에 인기를 이어가고 있다. 다른 사람들이 꾸민 인테리어 사진을 볼 수 있고, 해당 소품이 마음에 들면 플랫폼에 입점한 브랜드를 통해 구매할 수도 있다.

인테리어 소품처럼 사용할 수 있는 예쁜 가전제품도 인기다. 특히 발뮤다 토스터는 30만 원 정도의 비교적 높은 가격인데도 젊은 층에게 폭발적인 인기를 끌고 있다. 인테리어에도 도움이 될 정도로 디자인이 예쁠뿐더러, SNS에서 '죽은 빵도 다시 살려내는 마법의 토스터'로 불릴 만큼 기능도 뛰어나 소확행 트렌드의 대표주자로 꼽힌다.

인스타그램에는 노릇하게 구워진 빵과 커피 한 잔 그리고 발뮤다 토스터가 찍힌 사진이 계속해서 올라온다. 관련 해시태그 게시물만 1만 개가 훌쩍 넘는다. 거의 다 구매자들이 자발적으로 올린 콘텐츠다. 발뮤다 토스터만 있다면 집에서 구워 먹는 식빵도 일류 호텔에서 먹는 빵 못지않다는 것, 이 경험이 발뮤다 토스터가 주는 소확행이다.

교육서비스업도 소확행 열풍으로 호황을 맞고 있다. 기존 교육 시장은 높은 영어점수, 승진, 자격증 취득 등 목표지향적으로 돌아갔으나 이제는 일상을 즐겁게 해줄 수 있는 프로그램이 유행하고 있다. 하루 만에 배우는 라떼아트, 소규모 쿠킹 클래스, 자화상 배우기 등이 그것이다. 반드시 무언가를 얻어가는 게 목적이 아니라, 시간을 짧게 들이더라도 교육 과정 자체에서 힐링을 느낄 수 있는 프로그램들이다.

가잼비와 소확행은 젊은 층이 필요가 아니라 즐거움, 행복, 즉 경험을 위해 소비한다는 사실을 증명한다. 이렇듯 제품보다는 경험이 모든 것을 말하는 시대가 왔다. 디지털 시대에 아날로그적인 경험이 각광받는 이유는 무엇일까? 디지털의 발달은 경험을 중시하는 최근 트렌드에 어떤 영향을 주고 있을까?

디지털 시대, 오프라인의 반격

온라인 판매가 증가하면서 많은 전문가들이 오프라인 매장이 몰락하고 그 역할이 축소될 것이라는 전망을 내놓았다. 하지만 현실은 어떤가? 오히려 주위에 흥미로운 오프라인 공간이 늘어나는 추세다. 즉, 디지털은 전통적인 오프라인 공간을 위협할 수도 있지만, 동시에 오프라인 공간을 발전시킬 수 있는 동반자이기도 하다.

디지털 시대에 오프라인 공간은 왜 더욱 정교해질 수밖에 없는가? 독립적인 목적을 갖고 스스로 움직일 수 있는 여유가 생겼기 때문이다. 과거 오프라인 공간은 철저히 제품을 위한 배경이었다. 판매가 이루어지지 않거나 제품을 보여주지 않는 공간은 의미가 없었다. 하지만 디지털 시대에는 그렇지 않다. 고객은 휴대폰만 있으면 언제든 정보를 찾아볼 수 있기 때문에 굳이 제품 설명을 길게 늘어놓을 필요가 없어졌고, 오프라인 공간에는 그만큼 다양한 이야기를 할 수 있는 여유가 생겼다.

다양한 이야기가 다양한 제품, 다양한 정보를 의미하는 것은 아니다. 판매의 압박에서 벗어난 오프라인 공간에서는 이제 정보가 아니라 감성을 전달하는 것이 더 중요해졌다. 온라인에서도 물론 트렌디하고 창의적인 광고로 감성을 전달할 수 있지만, 아직까지 온라인은 물리적인 접촉이 불가능한 가상의 세계다. 반면 오프라인 공간은 단순한 전시와 설명을 넘어 제품이 가진 감성과 브랜드 컨셉을 정교하게 전달해줄 수 있기 때문에, 기업들은 이 점에 집중하여 오프라인 공간을 설계하고 있다.

자연스럽게 디지털 시대의 오프라인 공간은 훨씬 더 다채로워졌다. 오직 브랜딩을 위해 브랜드 컨셉을 경험하게 하는 공간, 제품을 아예 비치하지 않고 경험만을 고민하는 공간이 점점 많아지고 있다.

이처럼 온라인과 오프라인은 어느 한쪽이 죽어야 다른 한쪽이 살아남는 제로섬게임 관계가 아니다. 기업은 두 채널을 바라볼 때 서로의 약점을 보완해주며 함께 성장하는 동반자로 인식하고, 거기에 맞춰 마케팅 전략을 짜야 한다. 많은 혁신적인 기업들이 멋진 오프라인 공간을 구성한 후 그 공간을 더욱 돋보이게 만드는 온라인 플랫폼을 만드는 이유도 이와 같다.

무엇보다도 기업은 온라인과 오프라인을 유기적으로 결합해 끊김 없는(seamless) 경험을 주도록 노력해야 한다. 중요한 것은 서비스가 제공되는 장소가 온라인이냐 오프라인이냐가 아니다. 우리가 고객에게 어떤 경험을 전달하고자 하느냐가 중요하다. 기업은 끊임없이 진화하는 소비자를 정교하게 관찰하고, 고객이 원하는 경험을 고객보다 먼저 읽어내야 한다. 나아가 고객이 온라인과 오프라인 플랫폼을 넘나들며 경험을 자유롭게 만끽하도록 하는 전략이 필요하다. 고객이 온라인 플랫폼에서 느끼는 경험, 그리고 그들이 두 발을 딛고 서 있는 오프라인 공간에서의 경험이 자연스럽게 연결되도록 하고, 그 경험들이 시너지 효과를 내도록 해야 한다.

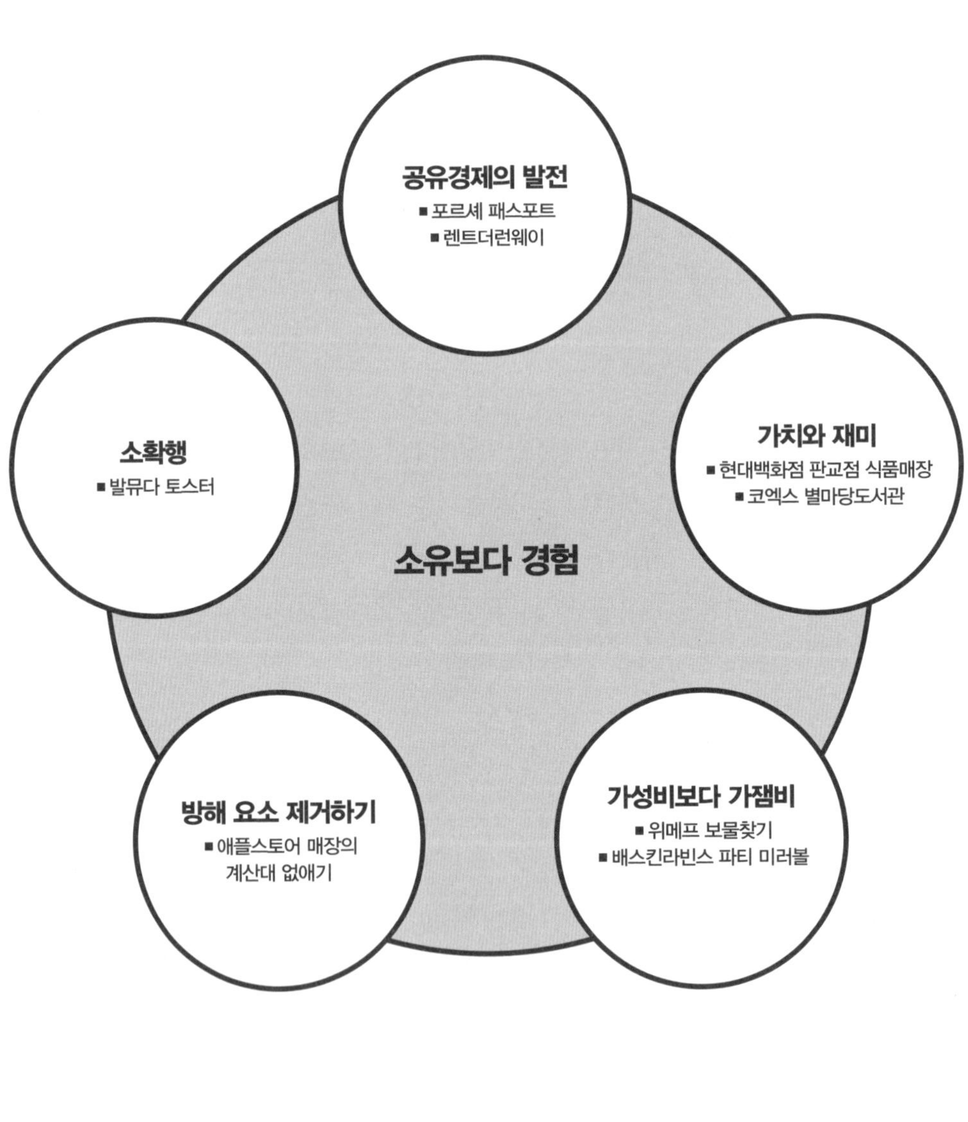

공유경제의 발전
■ 포르셰 패스포트
■ 렌트더런웨이
소확행
■ 발뮤다 토스터
소유보다 경험
가치와 재미
■ 현대백화점 판교점 식품매장
■ 코엑스 별마당도서관
방해 요소 제거하기
■ 애플스토어 매장의
계산대 없애기
가성비보다 가잼비
■ 위메프 보물찾기
■ 배스킨라빈스 파티 미러볼

제품이 아니라 경험과 만나게 하라.

가치 있는 경험은
제품이 가진 100의 가치를
120, 200으로 느껴지도록 만든다.

CHAPTER 2

사람을
연결시켜
새로운
경험을
만들어라

매장을 넘어 광장으로

1장에서 애플스토어가 경험 마케팅으로 리테일 매장의 새로운 패러다임을 개척했다는 이야기를 했다. 미안하지만 또다시 애플 이야기로 시작해야겠다. 이번에는 애플이 잘나가던 애플스토어를 '버리기로' 했다는 이야기다. 그 자리를 대체할 것은 '타운스퀘어'라는 새로운 형태의 공간이다. 애플은 2017년 10월 20일 미국 시카고에 첫 번째 타운스퀘어를 열었다. 이곳은 기존의 애플스토어와 어떻게 다를까?

애플스토어는 자유로운 매장 경험을 통해 고객과 제품의 소통을 극대화하는 형태로 운영되었다. 타운스퀘어는 이 기조를 계속 유지하되, 고객에 더 초점을 맞춰 나갈 것으로 보인다. 디지털 마케팅 전문가들은 '어떻게 고객에게 오너십(ownership)을 느끼게 할 것인가'가 디지털 전환 시대의 숙제라고 말한다. 디지털 시대 고객은 기업의 콘텐츠를 주는 대로 받지 않는다. 그들 나름의 시각으로 재해석하고, 창의적으로 변형한다. 그러므로 기업의 마케팅은 고객의 이 같은 활동을 돕는 방식으로 이루어져야 한다. 이런 배려는 고객으로 하여금 콘텐츠를 주도적으로 소비하고 있다고 느끼게 하고, 자기주도적 경험을 제공한 브랜드에 대한 애정으로 이어진다. 애플이 타운스퀘어에서 의도한 것이 바로 이런 경험 아닐까. 이 점을 이해하고 나면 타운스퀘어의 운영 방향 또한 자연스레 유추할 수 있다.

타운스퀘어는 첫째, 고객들이 모이고 소통하는 오프라인 커뮤니티를 위한 공간이다. 인터넷이 발달하면서 사람들은 취향이 비슷하거나 자신의 가치를 높이는 데 도움 되는 사람들과 다양한 온라인 커뮤니티에서 소통하기 시작했는데, 애플은 오프라인 매장 역시 이 같은 시대적 흐름을 반영해야 한다고 여겼다.

애플이 타운스퀘어를 통해 재정의한 매장의 의미는 제품을 전시·판매하고 AS를 제공하는 공간이 아니라, 지역 주민이 모여 서로의 관심사를 이야기하는 장소, 예술가들이 모여 영감을 증폭시키는 장소, 지식을 전하고 배울 수 있는 다양한 커뮤니티가 만들어지는 공간이다. 애플이 브랜드명에서 제품을 판매하는 '상점(store)'을 버리고 사람들이 모이는 '광장(square)'을 선택한 것도 그런 의도에서다. 커뮤니티 활동을 위해 모인 사람들은 타운스퀘어에서 더 많은 시간을 보낼 수밖에 없다. 그만큼 애플 제품에 더욱

▲애플은 '매장(스토어)'에서 한발 나아가 사람들이 모이는 '광장(스퀘어)'을 지향하기 시작했다. (출처: 애플 홈페이지)

친숙해지고, 이는 곧 브랜드에 대한 호감으로 이어진다.

둘째, 고객이 가진 가능성을 키우고 현실화할 수 있도록 돕는 장소다. 애플은 즐거운 경험을 주는 공간을 넘어 고객의 자기실현을 돕는 공간으로 탈바꿈하고자 했다. 이를 잘 보여주는 것이 타운스퀘어 내의 '보드 룸'이다. 보드 룸은 창업 아이디어를 가진 사람들이 모여 의견을 나누는 장소로, 말하자면 아이디어 실현을 위한 스타트업 지원 공간이다.

아울러 타운스퀘어에서는 다양한 교육 프로그램도 제공될 계획이다. 아이들에게 코딩을 가르쳐주는 워크숍을 열거나, 일반인 대상으로 사진 잘 찍는 법이나 음악 편집 프로그램 사용법 등을 가르쳐주는 것이다. 매장 직원 조직도 바뀌었다. 타운스퀘어에서는 지니어스가 아니라 '크리에이티브 프로(creative pro)'들이 고객을 맞는다. 지니어스는 제품에 대한 애정과 지식이 있으면 됐지만, 크리에이티브 프로는 제품 지식뿐 아니라 한 가지 이상의 전문성(음악, 미술과 같은 예술적 재능 등)을 가진 인재들로 구성되어 고객을 대상으로 하는 교육 프로그램에도 도움을 줄 예정이다.

애플스토어는 우리나라에서도 수많은 모방 매장을 낳았다. 매장 공간을 줄이고 개방형 도서관을 만든 코엑스몰, 1층 매장을 없애고 어반 포레스트를 조성한 롯데마트 등이 모두 애플스토어의 영향을 받은 경험 마케팅 사례다.

이제 여기에서 더 나아간 새로운 패러다임이 타운스퀘어에서 제시되고 있다. 애플은 타운스퀘어를 통해 경험을 넘어 상상이 현실이 되는 자기실현의 장소, 사람이 모여 서로의 가치를 키워가는 오프라인 커뮤니티 공간으로 리테일 매장 개념을 다시 쓰는 중이다. 매장 자체보다 공간에 모이는 사람들에게 집중하겠다는 선언이다. 누가 모이고 서로 어떻게 연결되는지에 따라 같은 공간이라도 더 풍성하고 새로운 경험을 선사할 수 있다.

진짜 가치는 공간이 아니라 연결이다

타운스퀘어처럼 공간 자체보다 사람을 모으고 연결하는 데 집중한 단적인 예가 위워크다. 2018년 4월 기준으로 세계 65개 도시에서 328개의 지점을 운영 중인 위워크는 한국에서도 공격적으로 지점을 확장하며 무서운 속도로 성장하고 있다. 성장세도 놀랍지만 더 획기적인 것은 '공유오피스'라는 개념 자체다. 위워크는 부동산 임대업을 하면서도 정작 자기 빌딩은 하나도 없이 8년 만

▼위워크는 일하는 장소가 아니라 공간에 모이는 사람들의 커뮤니티를 판다. (출처: 위워크 홈페이지)

에 23조 원(약 210억 달러)의 기업가치를 만들어냈다.

위워크는 어떻게 단기간에 건물도 없이 빠르게 성장할 수 있었을까? 사무실이라는 공간이 아니라, 가치 있는 커뮤니티에 소속된다는 '경험'을 팔았기 때문이다. 애덤 노이만(Adam Neumann) CEO는 '왜 건물을 사거나 짓지 않는가?'라는 질문에 "건물을 구매하는 데 신경 쓰다 보면 해당 건물이 장기적으로 위워크에 어떤 경제적 이득을 가져다줄지에 집중하게 될 것이고, 그러다 보면 '사람들이 위워크에서 경험하고 싶어 하는 것'보다 '사업적 이득을 가져다줄 공간'에 더 연연하게 될 것 같아서 의도적으로 건물 구매를 생각하지 않고 있다"고 대답했다. 위워크가 팔고자 하는 진짜 가치가 무엇인지 추측할 수 있는 대목이다.

많은 사람들이 위워크에 들어가고 싶어 하는 이유는 뭘까? 편리한 위치, 아름다운 내부공간, 효율적인 인테리어도 물론 강점이다. 하지만 위워크의 진짜 가치는 공간이 아니라, 해당 공간을 살아나가는 사람들의 '관계'에서 나온다.

위워크에는 건물 관리자 대신 '커뮤니티 매니저'가 존재한다. 커뮤니티 매니저는 위워크 공간에서 일하는 사람들을 이어주는 이벤트를 기획하고, 같은 사무실 혹은 인근에서 시너지 효과를 낼 수 있는 사람들을 연결해준다. 편하게 만나고 대화할 수 있도록 커피나 맥주를 마시며 쉴 수 있는 공간을 제공하는 것도 커뮤니티 매니저의 몫이다. 이 모든 활동은 서로 지속적으로 만나고 소통할 수 있도록 하기 위한 노력의 일환이다.

이 연결은 온라인에서도 이어진다. 위워크 사무실에 입주하면 커뮤니티에 가입할 수 있는데, 멤버 피드(member feed)에서 마음 맞는 사람들끼리 이야기를 나누고, 잡 보드(job board)로는 인력 정보를 교환할 수 있다. 다채로운 커뮤니티를 통해 함께 일하고 싶은 사람을 찾기도 하고, 자기 사업 분야의 전문가에게 조언을 구하기도 한다.

즉 위워크 입주는 단순히 사무실을 얻는 것이 아니라, 창의적인 사람들이 모인 커뮤니티에 동참한다는 의미다. 아마존, 마이크로소프트, 에어비앤비의 핵심 부서가 사옥을 떠나 인근 위워크에 둥지를 트는 것도 다른 이유에서가 아니다. 일할 공간이 아니라 그들의 창의성을 깨우고 이끌어줄 외부 사람을 찾기 위해서다.

커뮤니티 경험을 파는 위워크의 전략은 공간 구성에도 영향을 미친다. 소파, 테이블, 의자 등을 배치할 때에도 이 물건들이 사람들 사이를 자연스럽게 이어줄 수 있는가를 고민하고, 멋있고 값비싼 물건보다는 사람이 돋보일 수 있는 소품을 고른다. 다소 느슨해 보이는 디자인의 소파나 의자, 푸근한 소품들은 사람들을 편안하게 해주고, 타인과의 관계도 쉽게 받아들이도록 만든다. 때로는 공용 공간에 재미있는 장식물을 놓아 대화를 유도하기도 한다. '일하는 공간'이지만 '우리(we)'를 '일(work)'보다 중시하는 위워크의 철학이 공간에서도 잘 드러나는 셈이다.

죽은 기업도 살리는 커뮤니티의 마력

공들여 만든 커뮤니티는 재무제표에는 드러나지 않지만 웬만한 유형자산을 뛰어넘는 기업의 버팀목이 된다. 특히 기업이 어려울 때 기대치 못한 뒷심을 발휘한다. 마침 여기 좋은 사례가 있다. '요가복의 샤넬'이라 불리는 룰루레몬 애슬레티카(Lululemon Athletica, 이하 룰루레몬) 이야기다.

이 캐나다 브랜드는 한때 매년 3조 원가량의 매출을 올리며 가파르게 성장했지만, 2010년경 품질 문제와 창업자의 지분 매각 등으로 브랜드가 위기에 처해 성장 시계가 멈춰 있었다. 하지만 2018년 한 해 동안에만 주가가 무려 100% 이상 상승했고, 새롭게 진출한 아시아 시장에서도 승승장구하고 있다.

이들이 위기를 극복하고 화려하게 부활할 수 있었던 원동력은 무엇일까? 전문가들은 그동안 룰루레몬이 공들여 만들어놓은 커뮤니티 시스템 덕분이라고 입을 모은다.

룰루레몬의 글로벌 홈페이지(www.lululemon.com)에서 가장 눈에 띄는 것은 커뮤니티 메뉴란이다. 여기 적힌 문구를 살펴보면 룰루레몬이 가장 중요하게 생각하는 기업 정체성을 읽을 수 있다.

"우리는 단순히 요가용품을 파는 회사가 아닙니다. 우리는 다양한 사람을 만나고, 영감을 주는 가치 있는 장소를 발굴하여 소개하고자 노력합니다. 건강한 삶을 위한 운동법뿐 아니라 웰빙 트렌드 등의 정보도 전달합니다."

한마디로 룰루레몬은 건강한 삶을 살고자 하는 사람들이 모일 수 있도록 커뮤니티 공간을 제공하고, 그 공간에서 가치 있는 경험을 함께하는 회사라는 것이다. 그렇다면 이 같은 커뮤니티 경험을 룰루레몬은 어떻게 구현하고 있을까?

룰루레몬은 주요 지역마다 플래그십 스토어를 열었는데, 타운스퀘어처럼 이 스토어들도 제품 판매가 아니라 지역 고객들의 교류와 경험 공유를 위해 운영된다. 때문에 룰루레몬은 새로운 매장을 열 때 유명 요가 강사, 필라테스 강사, 건강한 식재료를 쓰는 요리사 등 해당 지역에서 영향력을 발휘하는 사람들을 섭외하고 커뮤니티를 만드는 데 정성을 기울인다.

룰루레몬은 커뮤니티가 성공하기 위해서는 사람이 모이는 것도 중요하지만 매장 직원과 소비자 간의 유대관계도 빼놓을 수 없다고 보았다. 그래서 룰루레몬에서는 요가 클래스 등의 체험 행사에 직원들도 적극적으로 참여한다. 고객과 직원이 함께 운동하면서 자연스럽게 교류하게끔 유도하는 것이다. 이 과정에서 직원들은 오랫동안 프로그램에 참여한 교육자 역할을, 고객은 수강생 역할을 맡게 된다. 전문 운동 프로그램을 이끌 수 있는 전문가를 직원으로 고용하기도 한다. 이 직원들은 '에듀케이터(educator)'라 불리는데, 운동을 가르칠 뿐 아니라 룰루레몬의 철학과 문화를 전수하고 고객의 삶을 더 바람직한 방향으로 성장시키는 교육자라는 뜻이다. 매장에 방문한 사람 또한 고객이 아니라 커뮤니티에 놀러온 손님, 즉 게스트(guest)라고 칭한다.

외부 인플루언서와의 교류에도 적극적이다. 룰루레몬에는 '앰배서더(ambassador)'가 존재하는데, 이들은 브랜드에 대해 긍정적인 입소문을 만들어주는 인플루언서인 동시에 커뮤니티의 핵심이 되는 사람들이다. 주로 요가나 필라테스를 전문적으로 가르치는 강사들이 맡지만 최근에는 음식 전문가나 명상가, 기업가, 사진작가 등으로 범위가 넓어지고 있다.

룰루레몬은 이들과 돈독한 관계를 맺는 것이 커뮤니티 비즈니스의 핵심이라고 보았다. 커뮤니티가 지속적으로 성장하기 위해서는 많은 사람들이 참여해야 하고, 그러려면 다양한 분야의 매력적인 사람들이 반드시 있어야 한다. 때문에 룰루레몬은 사업 초창기부터 지역 유명 요가 강사에게 제품을 협찬하고 의견을 들었으며, 그 피드백을 바탕으로 제품 기능을 개선해 나갔다. 자연스럽게 요가 강사를 포함한 지역 인플루언서들은 룰루레몬을 파트너로 생각하게 되었고, 룰루레몬 프로그램에 적극적으로 동참하며 앰배서더가 되었다. 금전적인 혜택도 있음은 물론이다. 제품 할인도 해주고, 앰배서더의 클래스를 홍보하기도 한다.

최근 룰루레몬이 청담동에 플래그십 스토어를 열면서, 한국에서도 이들의 커뮤니티 문화를 직접 체험할 수 있게 되었다. 이곳은 지하 1층부터 지상 3층까지 총 4개 층으로 구성되어 있는데,

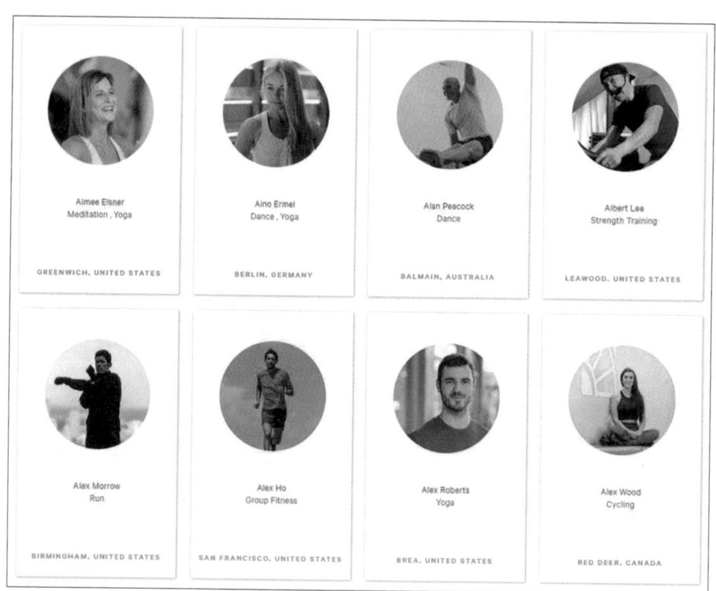

▲룰루레몬은 커뮤니티 문화를 활성화하기 위해 유명 요가 강사 등 지역 인플루언서를 모아 '룰루레몬 앰배서더'를 만들었다.(출처: 룰루레몬 홈페이지)

기존 스포츠 매장과 달리 커뮤니티 체험 공간 중심으로 운영된다.

1층에는 여느 스포츠용품 매장이 그렇듯 룰루레몬의 다양한 제품을 판매하고 있다. 하지만 스웨트 앨리(Sweat Alley)라 불리는 지하 1층은 전문적인 운동 프로그램을 체험할 수 있는 공간이다. 요가는 물론 필라테스, 발레, 명상 등 다양한 클래스가 정기적으로 열리는데, 대부분 선착순으로 접수받아 무료로 운영된다. 한국 룰루레몬 또한 지역의 유명 요가 강사나 앰배서더들이 주로 프로그램을 이끌며, 게스트들과 소통하기 위해 노력한다.

▼룰루레몬은 게스트들이 서로 교류하고 커뮤니티를 형성할 수 있도록 노력하는데, 다양한 운동 프로그램도 그 노력의 일환이다.

룰루레몬은 스포츠 브랜드지만 그들이 제공하는 커뮤니티는 스포츠에 한정되지 않는다. 단순히 함께 운동하는 데 그치지 않고, 건강한 삶을 위한 정보를 주고받으며 서로 좋은 영향력을 주는 커뮤니티, 라이프스타일 전반을 함께 영위하는 커뮤니티를 만들고자 한다. 그래서 운영하는 곳이 바로 '허브앳파이브(Hub@five)'다. 청담동 플래그십 2층에 있는 이 공간에서는 게스트들이 운동한 후 좋은 음식을 나누어 먹고, 스트레스 없는 일상을 위한 정보를 공유한다. 유명 요리사를 초청해 함께 건강한 음식을 만들어보거나, 집안을 편안하게 꾸밀 수 있는 꽃꽂이 프로그램을 열기도 한다. 룰루레몬은 이 공간에 커뮤니티 보드를 설치해 한강 주변 조깅하기 좋은 코스, 건강한 식재료로 요리하는 브런치 식당 등 건강한 라이프스타일 정보를 제공한다.

중요한 것은 이 모든 과정이 가식 없이, 자연스럽게 진행된다는 사실이다. 예를 들어 룰루레몬의 러닝 클래스에 참가하면 운동이 끝난 후 앰배서더, 에듀케이터, 참가자들이 커뮤니티 룸에 모여 함께 음식과 음료를 나눠 먹는다. 이 자리에서 그들은 각자가 생각하는 바람직한 삶과 비전을 이야기하거나 건강한 음식을 파는 음식점 정보를 공유하고, 그날 프로그램이 어땠는지, 최근 고민은 무엇인지 대화를 나눈다. 커뮤니티 소속감을 다지는 과정이다.

이처럼 룰루레몬에는 커뮤니티가 있다. 룰루레몬이 제공하는 프로그램을 들으며 건강한 라이프스타일을 추구하는 사람들을 만나 교류하고, 건강한 음식과 차를 소비하며, 유용한 정보를 나누

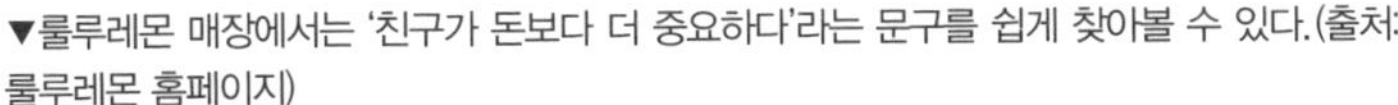
▼룰루레몬 매장에서는 '친구가 돈보다 더 중요하다'라는 문구를 쉽게 찾아볼 수 있다.(출처: 룰루레몬 홈페이지)

고, 나의 라이프스타일에 조언을 해줄 수 있는 유명 운동강사들과 교류할 수 있는 커뮤니티. 룰루레몬 커뮤니티는 운동에서 더 나아가 사람과 사람을 만나게 하고, 이 연결은 다시 룰루레몬의 경쟁력이 된다. 전 세계 룰루레몬 매장 입구에는 "친구가 돈보다 더 중요하다(Friends are more important than money)"라는 문구가 적혀 있다. 소비자가 평생 함께할 친구를 만드는 커뮤니티 공간, 이것이 룰루레몬의 지향점이자 그들이 들려주고자 하는 메시지다.

에어비앤비는 어떻게 힐튼을 뛰어넘었나

2016년, 글로벌 시장조사기관 CB인사이트는 창업한 지 8년밖에 되지 않은 숙박업계의 애송이 에어비앤비가 100년 가까운 역사를 자랑하는 힐튼 호텔의 기업가치를 뛰어넘었다고 발표했다. 2018년 기준 에어비앤비의 기업가치는 310억 달러, 한화로 약 34조 원에 달한다. 자기 건물은커녕 창업 초기 신용카드를 수십 개씩 돌려막아가며 연명하던 이 회사가 10년 만에 천문학적인 매출을 달성한 것이다.

에어비앤비의 성공 요인은 크게 두 가지다. 하나는 정교한 '매칭 메커니즘'이다. 초창기 에어비앤비는 지역, 날짜, 숙박인원, 원하는 시설 등을 입력하면 조건에 부합하는 숙소 중 만족도가 높은 순서대로 띄워주는 정도였지만, 지금은 과거 고객의 데이터를 기반으로 그 고객이 가장 만족할 만한 숙박시설을 정교하게 추출해내는 수준에 이르렀다.

하지만 에어비앤비의 성공 요인은 기술력뿐이 아니다. 진짜 매력은 바로 에어비앤비를 좋아하는 사람들을 플랫폼으로 불러모아 호스트와 게스트를 연결시키는 네트워크 효과에 있다. 한마디로 사람들을 연결하고 가치 있는 경험을 전달하는 커뮤니티 비즈니스에 성공한 것이다.

에어비앤비의 커뮤니티 비즈니스에서 가장 큰 역할을 하는 것은 경험 많은 호스트들이다. 에어비앤비는 자체 숙박시설을 소유하고 있지 않으므로, 자기 방을 빌려주는 호스트 없이는 사업 자체가 불가능하다. 때문에 에어비앤비는 호스트에게 동기를 부여하고 예비 호스트를 끌어들이는 데 각별히 공을 들인다. 이를 위해 활용하는 것 또한 커뮤니티다. 기업 블로그와 홈페이지에 우수 호스트의 사례를 지속적으로 올리고, 호스트들이 모일 수 있는 온라인 커뮤니티를 개설했으며, 오프라인에서 밋업(meet up) 행사를 열어 신규 호스트와 경험 많은 호스트의 교류를 돕기도 했다.

특히 에어비앤비는 훌륭한 호스트를 발굴하고 칭찬하는 데 정성을 쏟았다. '슈퍼 호스트 프로그램'에서는 예약 이행률이나 게스트 질문 응답률, 이용후기 별점 등을 통해 슈퍼 호스트를 선발해서 검색 상단 노출, 서비스 지원 등의 보상을 준다. 자연스럽게 호스트들은 슈퍼 호스트를 목표로 노력하게 되고, 신규 호스트 교육에도 열심히 임한다. 적절한 보상 시스템이 커뮤니티를 활성화시킨 것이다.

이와 함께 에어비앤비는 호스트와 게스트 간 커뮤니티에도 각별히 신경 쓴다. 에어비앤비의 블로그나 사이트에는 '파리에 놀러 갔을 때 그곳 호스트와 친해져서, 이번에는 내 빈 방을 에어비앤비 숙소로 등록해 파리 호스트를 초청했다'와 같은 이야기를 쉽게 발견할 수 있다. 호스트의 환대에 감사하며 선물을 남긴 이야기, 호스트와의 즐거운 시간, 그때의 추억이 너무 행복해서 그곳에서 결혼식까지 올린 게스트의 사연 등이 넘쳐난다.

물론 에어비앤비에 묵는다고 해서 처음 본 사람들이 저절로 친해지는 것은 아니다. 에어비앤비에서는 원활한 서비스를 지원하는 것은 물론, 게스트들과 효율적으로 관계 맺는 방법을 호스트들에게 교육한다. 열쇠만 전달하지 말고 직접 게스트에게 집을 설명해주면 호감도를 높일 수 있다는 등의 호스팅 팁이다. 숙박 후에는 게스트와 호스트가 쌍방 리뷰 시스템으로 서로를 평가하거나 감사 후기를 남길 수 있게 했다.

에어비앤비는 그들의 서비스를 특별하게 만드는 힘은 호스트와 게스트 사이의 '인간적 유대감'이라고 강조한다. 처음 방문한 도시에서 호스트의 환대를 받고, 그 지역을 잘 아는 호스트를 통해 도시와 볼거리에 대한 이야기를 듣는 인간적인 교류가 바로 에어비앤비가 만들고자 하는 문화이며, 고객에게 전달하고자 하는 '진짜 경험'이다.

호텔, 숙박공간이 아닌 문화공간이 되다

에어비앤비가 성장을 구가하는 동안 호텔들은 다급해졌다. 2015년, 호텔 컨설팅 기업 HVS는 〈에어비앤비가 뉴욕 숙박업에 미치는 영향(Airbnb And Impacts on the New York City Lodging Market And Economy)〉이라는 리포트에서 뉴욕 소재 호텔이 에어비앤비 때문에 입은 직접적인 손실이 연간 540억 원에 달할 것이라고 추산했다. 이에 위기감을 느낀 몇몇 호텔들은 전통적인 방식에서 벗어나 에어비앤비처럼 커뮤니티의 가치를 극대화시키는 운영을 시도하기 시작했다.

과거 호텔은 투숙객에게 높은 수준의 서비스를 제공하는 데 중점을 두었지만, 최근에는 서비스는 물론 소셜라이징(친목과 사교)까지 제공하는 호텔이 등장하기 시작했다. 투숙객만을 위한 공간에 머물기를 거부하고, 인근 주민들을 불러모아 일종의 문화 중심의 지역 커뮤니티를 만들기 시작한 것이다. 국내의 '라이즈 오토그래프 컬렉션(라이즈 호텔)'과 일본의 '트렁크 호텔'이 대표적인 사례다.

▲홍대에 위치한 라이즈 호텔 1층. 누구나 들어와 쉴 수 있도록 탁 트인 공간에 편안한 분위기가 조성되어 있다.(출처: 라이즈 호텔 홈페이지)

라이즈 호텔은 스스로를 '크리에이터의 문화공간'이라 칭한다. 다양한 아티스트 및 브랜드와 협업해 창조적인 라이프스타일을 선보이는 열린 공간이라는 의미다.

대부분의 호텔은 투숙객의 편안한 휴식을 위해 다소 폐쇄적이고 아늑한 분위기를 지향하기 마련이다. 그러나 라이즈 호텔은 다르다. 이곳 1층에 들어서면 가장 먼저 베이커리 카페가 나타난다.

투숙객을 위한 공간이 아니라, 지나가는 사람 누구라도 들를 수 있는 열린 공간이다. 1층에 있기 마련인 로비는 3층에 있다. 개방형 공간을 지향하되 투숙객의 편의는 해치지 않도록 신경 쓴 흔적이 보인다.

지하 1층 아라리오 갤러리에서는 전시회가 열리고 있었다. 갤러리에서는 혁신적이고 창의적이며 동시에 호텔이 위치한 홍대 지역의 특색을 나타낼 수 있는 아티스트의 작업을 지역민과 함께 향유하고자 했다.

이처럼 라이즈 호텔은 지역민과 투숙객이 한데 어울리며 홍대의 지역문화를 자연스럽게 공유하고, 그 과정에서 다른 호텔에서는 맛볼 수 없는 특별한 경험을 할 수 있도록 기회를 제공한다.

2017년 오픈한 일본의 트렁크 호텔 역시 비슷한 컨셉이다. 이곳은 입구부터 남다르다. 한 곳은 직원이 투숙객을 맞는 일반적인 호텔 입구다. 하지만 다른 입구는 내·외부 구분이 명확하지 않은 야외 정원 형식이다. 투숙객뿐 아니라 외부 사람들도 편하게 드나들 수 있도록 탁 트여 있다. 밤에는 파티나 공연이 열리기도 한다.

1층의 트렁크 바 또한 마찬가지다. 가벼운 마음으로 들어가 앉아 음료를 주문하고 주위를 둘러보니, 시부야의 비즈니스맨들이 노트북을 펴놓고 앉아 일하는 모습이 눈에 띈다. 무료 와이파이를 쓸 수도 있고, 책 읽기에도 괜찮은 분위기다. 밤에는 인근 주민과

▲개방형 정원 같은 트렁크 호텔 입구. 누구나 편안하게 벤치에 앉아서 쉬다 갈 수 있다. 밤에는 파티장으로도 쓰인다고 한다.

예술가들의 교류도 활발하다고 한다. 호텔의 모든 시설은 투숙객을 위한 것이라는 고정관념을 깨는 공간이었다.

라이즈 호텔이 홍대의 문화예술을 이야기한다면, 트렁크 호텔은 '메이드 인 시부야' 제품을 이용해 공간 안에 지역특색을 끌어온다. 호텔 입구의 매장에서는 잡화나 간단한 먹을거리 등이 트렁크 호텔 로고를 달고 판매되는데, 시부야에서 생산되거나 시부야의 특성을 잘 나타내는 제품들이 주를 이룬다. 트렁크 스토어는 이 공간에서 투숙객과 지역민이 자연스럽게 만나게 하고, 동시에 시부야의 문화와 감성을 체험할 수 있도록 했다.

야외 정원, 바, 스토어까지. 트렁크 호텔은 이 공간을 통해 무엇을 말하려는 것일까? 바로 지역민과 투숙객의 소셜라이징, '이 지역에 있는 누구나 편하게 들러 교류할 수 있는 열린 공간'이다. 1층에 리셉션 데스크 대신 트렁크 바가 있는 것도 같은 이유다.

▼트렁크 바를 이용하는 지역민들의 모습. 투숙객이 아닌 사람들도 부담 없이 올 수 있는 열린 장소다.

▲'로컬 퍼스트' 컨셉을 내건 트렁크 스토어에서는 시부야의 특색을 잘 나타내는 제품을 소개한다.

트렁크 호텔은 잠자기 위한 숙소가 아니라 사회적 교류를 위한 장소를 판다. 호텔 직원들도 이 가치를 잘 이해하고 있다. 내가 방문했을 때, 이곳저곳 사진을 찍는 나에게 호텔 매니저가 말을 건 적이 있다. 다른 호텔이었다면 유니폼을 빼입은 직원에게 부담감을 느꼈을 테지만 이곳의 매니저에게는 그럴 필요가 없었다. 그가 입은 옷은 일부러 알려주지 않으면 유니폼이라는 사실을 알 수 없을 정도로 시부야 거리에서 흔히 볼 수 있는 캐주얼한 복장이었으며, 나에게 건넨 말도 '뭐 하십니까'가 아니라 '사진 찍기 좋은 곳은 이쪽입니다. 더 궁금한 건 언제든지 물어보세요'였기 때문이다. 직원이 방문객에게 친구처럼 다가가 말을 걸면서 소셜라이징을 위해 노력하고 있음을 알 수 있었다.

이 밖에도 지역민에게 커뮤니티의 장이 되어주려는 호텔이 점점 늘어나고 있다. 소비자가 서비스뿐 아니라 최적의 여행 경험을 요구하고 있기 때문이다. 이제 호텔은 이용객들이 지역 거주민과 교류하고 그 지역 문화를 체험할 수 있도록 하는 공간으로 탈바꿈해야 할지도 모른다. 미래의 호텔은 투숙객뿐 아니라 지역 주민에게도 개방적이고 호의적인 태도를 보이고, 문턱을 낮춰 누구나 공간에 모일 수 있도록 해야 한다. 사람이 모이고 사람과 교류하며 다채로운 경험을 만드는 것이 호텔이 바라봐야 할 새로운 지향점이다.

콘텐츠는 3%만, 연결에 97% 집중한다

애플, 에어비앤비, 위워크, 룰루레몬에는 공통점이 있다. 좋은 제품과 서비스로만 승부하지 않고 많은 사람들을 모이게 하고, 상호작용하고 교류하도록 커뮤니티를 만들고자 노력했다는 점이다. 사실 이것은 모든 기업의 관심사다. 심지어 교육기관에서도 교육 콘텐츠보다 커뮤니티를 중시하기 시작했다. 여느 이름 없는 교육기관의 사정이 아니다. 세계 최고의 대학으로 손꼽히는 하버드에서 일어나는 일이다.

2015년, 하버드 대학교가 HBX(하버드대 온라인 강의) 시스템을 론칭할 때 가장 중요하게 생각한 것은 다름 아닌 '사용자 간의 연결'이었다.

과거의 교육은 교수가 학생에게 일방적으로 지식을 전달하는 것이었다. 이런 시스템을 그대로 온라인으로 가져온다면 교육의 질이 떨어질 수밖에 없었다. 무엇보다 이 방식으로는 '구글'이라는 새로운 경쟁자를 이길 수 없다. '구글 신은 모든 것을 알고 있다'는 농담이 있을 정도인데, 하버드의 교육 콘텐츠가 아무리 풍부하다 해도 구글의 정보력을 뛰어넘기는 어렵기 때문이다.

▼하버드 대학교의 HBX 서비스는 강의만 제공하는 것이 아니라 서비스를 이용하는 고객을 적극적으로 연결시키고자 했다.(출처: HBX 홈페이지)

이 문제를 해결하기 위해 HBX는 학생 간의 온라인 소통에 주목했다. 우선 무임승차 유혹을 없애기 위해 수강생은 반드시 실명을 쓰고 얼굴을 공개하게 되어 있다. 또한 수시로 팝업 퀴즈를 내고, 다른 학생들은 어떻게 풀어내는지 볼 수 있도록 했다. 말하자면 경쟁심 자극이다. 나아가 가까운 지역에 사는 학생들끼리 오프라인 스터디 모임을 가지도록 장려하는 등, 해당 서비스를 사용하는 고객들을 적극적으로 연결시켰다.

콘텐츠가 아니라 콘텐츠를 소비하는 학생들의 '연결'에 집중하자, 해당 프로그램은 엄청난 성과를 거두었다. HBX는 고가에다 온라인으로 진행되는 강연인데도 론칭 후 3년 동안 108개국에서 3만 명 이상이 수강하며 가장 성공적인 온라인 교육 프로그램으로 자리매김했다. 우버 등 미국에서 가장 핫한 유니콘 기업들도 앞다투어 직원들을 HBX에 등록시키고 있다.

왜 이렇게 많은 기업이 커뮤니티에 주목하고, 사람들을 모으고 연결하는 데 심혈을 기울이는가? 좋은 커뮤니티를 만드는 기업만이 성장할 수 있기 때문이다. 과거의 비즈니스는 큰 자본을 투자해 규모의 경제를 만들어내고, 소비자들을 만족시킬 만한 제품을 공급하는 데 초점을 두었다. 당시에는 기업가치가 내부의 혁신을 통해 이루어진다고 생각했다.

그러나 디지털 전환 시대 대부분의 가치는 기업 조직 내부가 아니라 외부에서 창출된다. 에어비앤비가 원하는 것은 가능한 많은 사람들이 호스트가 되어서 그들의 빈방을 에어비앤비에 올리는 것이다. 위워크가 원하는 것은 창의적인 사람들이 모이게 하고, 그럼으로써 누구나 위워크의 커뮤니티에 들어오고 싶어지도록 만드는 것이다. 교육 프로그램도 마찬가지다. 하버드는 콘텐츠를 소비하는 사람들과의 연결을 통해 나오는 새로운 경험으로 구글과 차별화했다.

HBX 디지털 경영전략을 담당하는 아난드(Bharat Anand) 교수는 〈조선일보 위클리비즈〉 인터뷰에서 "콘텐츠에는 노력의 3%만, 대신 학생 사이를 연결하는 소셜 러닝에 97% 집중"한 것이 성공 비결이라고 했다. 아무리 교육 콘텐츠가 좋다 해도 그것만으로는 차별화하기 힘들고, 다양한 동기부여 시스템으로 수강생들을 연결하고 시너지를 만들어내야 한다는 의미다. 교수가 학생들에게 일방적으로 지식을 전달하는 수업이 아니라, 좋은 학생들이 모여 서로 토론하고 교류하는 과정에서 새로운 시각을 키울 수 있다.

사람들은 더 새롭고 더 창의적인 경험을 원한다. 이제 기업은 일방향으로 콘텐츠를 만들고 컨트롤하면서 규격화된 경험을 주는 방식으로는 성장할 수 없다. 매력 있는 온라인·오프라인 커뮤니티를 만들고, 그 커뮤니티를 풍성하게 다질 수 있는 역할자들을 키워내야 한다. 룰루레몬의 에듀케이터, 에어비엔비의 호스트 동기부여 매니저(host recognition manager), 그리고 위워크의 커뮤니티 매니저처럼 내부에서 커뮤니티를 중점적으로 관리하는 사람들 말이다.

동시에 룰루레몬의 앰배서더, 에어비앤비의 슈퍼 호스트처럼 외부에서 우리 커뮤니티를 활성화하는 데 도움을 줄 사람들도 필요하다. 어떤 방식으로 이들에게 동기부여할 것인지, 자연스럽게 우리의 조력자로 함께하게 할 방법은 무엇인지 기업은 고민해야 한다. 궁극적으로는 이 과정을 통해 외부 사람이 우리 커뮤니티에 들어오고 싶어 하도록 만드는 것이 중요하다. 사람들이 자발적으로 활발하게 교류할 수 있도록 시스템을 만들어 지원해야 함은 물론이다. 그 과정에서 기업은 다채로운 상호작용이 낳는 다양한 스토리를 만날 수 있을 것이다.

경험이 중요한 시대다. 기업 스스로도 좋은 경험을 만들어내야 하지만, 동시에 외부 사람들을 모아서 커뮤니티화하고, 그 속에서 끊임없이 가치 있는 경험이 만들어지도록 노력해야 한다.

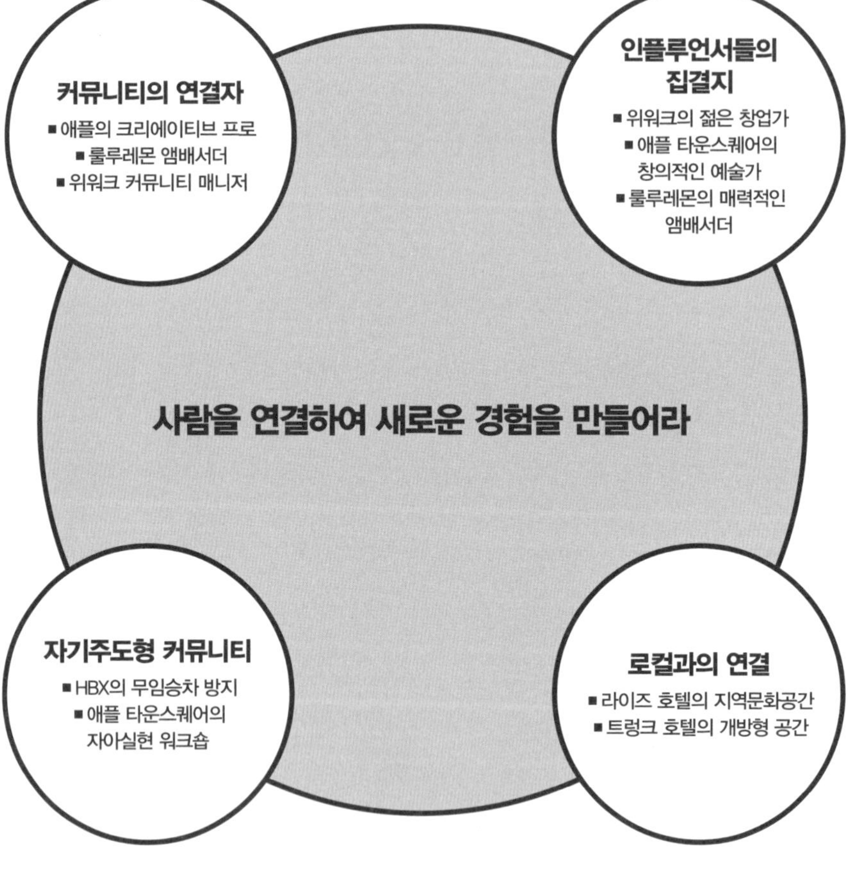

커뮤니티의 연결자

- 애플의 크리에이티브 프로
- 룰루레몬 앰배서더
- 위워크 커뮤니티 매니저

인플루언서들의 집결지

- 위워크의 젊은 창업가
- 애플 타운스퀘어의 창의적인 예술가
- 룰루레몬의 매력적인 앰배서더

사람을 연결하여 새로운 경험을 만들어라

자기주도형 커뮤니티

- HBX의 무임승차 방지
- 애플 타운스퀘어의 자아실현 워크숍

로컬과의 연결

- 라이즈 호텔의 지역문화공간
- 트렁크 호텔의 개방형 공간

사람과 사람이 만나게 하라.

공간에 모인 사람들에게 집중하라.

그들을 연결시켜
서로의 가치를 높여주는
공간을 만들어라.

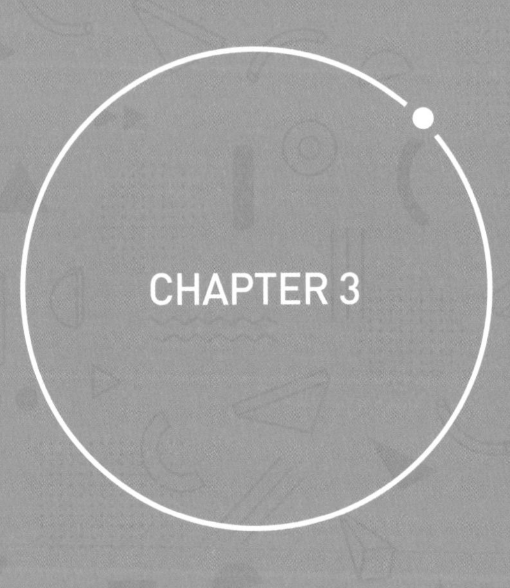

CHAPTER 3

오감을 자극하는 경험을 선사하라

색깔을 바꾸면 다운로드가 빨라진다?

오프라인 리테일숍에서 가장 번거로운 일이 줄 서는 것이라면, 온라인에서는 파일 다운로드를 기다리는 시간이 가장 지루하다. 다운로드 속도를 당장 높이기 어렵다면, 다운로드가 빨리 진행된다고 느끼게라도 할 수는 없을까? 오프라인 식당에서 대기줄에 선 고객에게 메뉴를 미리 고르게 하여 기다리는 지루함을 줄이는 것처럼 말이다.

방법이 있다. 색을 이용하면 된다. 홍콩 과학기술대학교와 프랑스 인시아드 경영대학원 공동 연구진은 특정 색상을 사용하는 것만으로도 다운로드 속도가 빠르게 느껴질 수 있다는 연구 결과를 발표했다. 2014년 〈마케팅 리서치 저널(Journal of Marketing Research)〉에 실린 이 연구에 따르면, 청색 계열의 화면에서는 다운로드가 더 빠른 것처럼 느껴진다고 한다. 청색 계열은 노란색 계열보다 긴장을 완화시키는 경향이 있는데, 이 때문에 다운로드 체감속도뿐 아니라 청색을 바탕색으로 사용한 사이트에도 호감을 느끼게 만든다. 색깔만으로도 긍정적인 소비자 경험을 이끌어낼 수 있는 것이다.

이런 이유로 많은 인터넷 회사들이 다양한 형태로 청색을 활용한다. 페이스북과 트위터가 푸른색을 사용하는 것은 결코 우연이 아니다. 구글 검색창도 마찬가지다. 지금의 구글 검색창 디자인은 세계적인 디자이너 마리사 메이어(Marissa Mayer)가 확립했는데, 그녀는 구글 초기화면에 쓰이는 글자 하나를 위해 서로 다른 채도의 파란색을 41가지나 테스트해 보았다고 한다. 실리콘밸리의 '함께 일하기 어려운 상사' 리스트에서 매년 수위를 다툴 정도로 치밀한 성격인 그녀는 작은 색상 차이가 큰 변화를 가져올 수 있다는 사실을 알고 있었던 것이다.

어느 대상에나 그렇듯이, 제품을 대할 때에도 인간은 오감으로 판단한다. 그중에서도 가장 중요한 감각은 시각으로, 상품 인식과 구매 결정의 약 87%가 시각에 의해 좌우된다고 알려져 있다. 인간은 제품을 보자마자 1초도 안 되는 짧은 시간 동안 그 제품이 매력적인지 아닌지를 결정한다고 한다. 어떤 색상을 어떻게 배열하는지에 따라 소비자의 시각에 전혀 다른 영향을 미치기 때문에, 온오프라인 매장들은 홈페이지 색상, 매장에 사용되는 색깔을 신중하게 결정한다.

나아가 최근에는 색상이 경험에만 영향을 미치는 것이 아니라, 팔고 싶은 제품을 소비자가 선택하게끔 유도할 수도 있다는 사실이 밝혀졌다. 소비자는 싸고 좋은 제품을 선호하지만, 판매자 입장에서는 싼 제품만 팔아서는 안 된다. 하지만 가장 비싼 제품으로는 가격에 민감한 소비자를 움직이기가 쉽지 않으니, 가장 현실적인 방법은 중간 가격의 무난한 제품을 많이 사도록 이끄는 것이다. 이렇게 소비자를 유도하는 일이 과연 가능할까?

뉴질랜드 오클랜드 대학과 오스트레일리아 본드 대학 공동 연구진의 연구 결과를 살펴보자. 연구진은 2016년 10월부터 2017년 2월까지 한국에서 판매된 아이폰 수량을 분석했다. 애플은 아이폰7을 출시하면서 기존의 실버, 골드, 로즈골드, 그레이 4가지 색상에 레드와 제트블랙 두 가지 색상을 추가했다. 그리고 각각의 색상에는 3가지 메모리 옵션(32GB, 128GB, 256GB)이 있었다.

데이터 분석 결과 연구자들은 이전에 존재하지 않았던 특별한 색상(레드와 제트블랙)을 선택한 소비자들이 메모리는 무난한 중간 옵션(128GB)을 선택하는 경향이 월등하게 높다는 사실을 발견했다. 연구자들은 이를 특별해지고 싶은 욕구(need for uniqueness)와 순응하고 싶은 욕구(need for conformity)를 통해 설명한다.

인간은 누구나 스스로를 차별화하고 싶은 욕구가 있다. 하지만 이 욕구가 어느 정도 충족되면, 다수의 사람들이 가는 무난한 길을 선택하려는 순응 욕구가 더 커진다. 즉, 특별한 색상을 선택해서 차별화 욕구를 채운 후에는 중간 메모리 옵션을 선택해 순응 욕구에 따른다는 것이다. 이러한 현상을 심리학에서는 타협 효과(compromise effect)라 한다.

이 현상을 판매전략에 적용할 수도 있지 않을까? 다채로운 색상을 옵션에 포함시켜 소비자들이 중간값을 고르도록 말이다.

실제로 이와 같은 실험 사례가 있다. 실험에서는 소비자에게 캐논, 삼성, 소니 3가지 브랜드의 디지털 카메라 정보를 제공했다. 먼저 카메라 색상도 모두 같고, 제품정보 글씨 색깔도 동일하게 제시했을 때에는 타협 효과가 나타나지 않았다. 반대로 각 브랜드마다 다른 색깔의 제품을 보여주고 제품 정보에도 다른 색 글자를 사용하자, 소비자는 중간 가격과 중간 성능 제품을 고르기 시작했다. 타협 효과가 나타난 것이다.

색상이 소비자의 제품 선택에까지 영향을 미칠 수 있다는 이 연구 결과는 온오프라인 매장 모두에게 큰 인사이트를 준다.

아마존에서 디지털 카메라와 관련된 키워드를 검색해보자. 키워드에 따라 검은색 카메라만을 큐레이션해서 제시하기도 하고, 때로는 다양한 색상의 카메라들을 보여주기도 한다. 당연히 이 검색 결과는 소비자들의 경험과 선택에 영향을 미친다. 검은색 제품만 있는 것보다는 다채로운 색상 옵션의 제품을 보여주는 것이 소비자가 더 비싼 모델을 구매하도록 유도할 수 있기 때문이다.

제품 정보 역시 마찬가지다. 많은 사이트들이 가격만 따로 빨간색으로 표기하거나 별점을 보여주는 등 다양한 시각적 요소로 소비자들의 선택을 유도한다. 예컨대 빨간색은 긴급한 감정을 불러일으킨다. 그래서 할인가격에 빨간색을 사용하면 소비자들에게

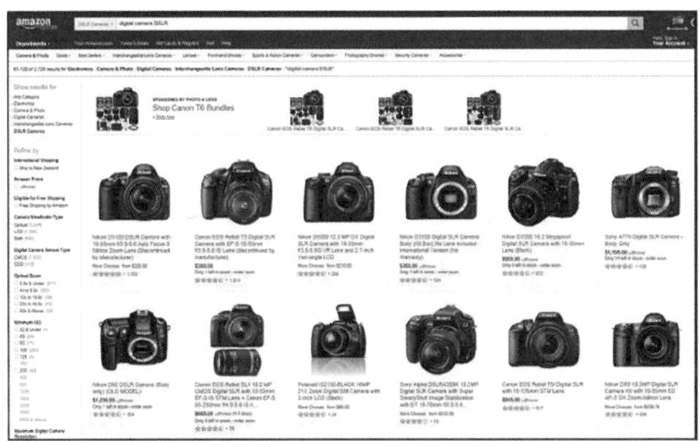

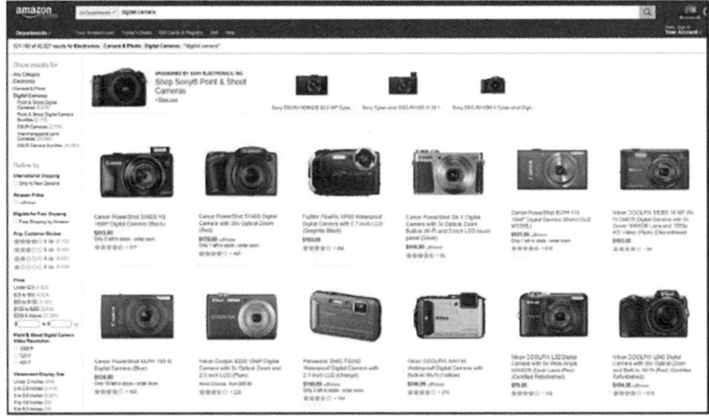

▲제품 색상이 동일할 때(위)에는 타협 효과가 일어나지 않지만, 색상이 다양하고 모양도 각양각색일 경우(아래)에는 중간 가격과 중간 성능을 고르는 타협 효과가 발생한다.(출처: 'The Color of Choice: The Influence of Presenting Product Information in Color on the Compromise Effect', Jungkeun Kim, Mark T. Spence, Roger Marshall. 〈리테일 저널(Journal of Retailing)〉 2018년 2월호)

'빨리 사지 않으면 다 팔려버릴 거야'라는 위기의식을 자극해 판매를 촉진시킬 수 있다. 버지니아 대학과 팸플린 대학 연구진은 〈소비자 조사 저널(Journal of Consumer Research)〉에 발표한 연구에서, 온라인 경매 사이트에서 배경화면에 붉은색을 많이 사용할수록 참가자들이 더 높은 가격을 부르는 경향이 있다는 사실을 증명하기도 했다. 이처럼 정보를 어떤 색상으로 보여주느냐에 따라서도 소비자의 제품 평가와 선택이 달라질 수 있다.

오프라인 매장의 경우도 마찬가지다. 뉴질랜드 오클랜드 대학과 오스트레일리아 본드 대학의 공동 연구진은 스시롤 매장에서 필드 실험을 진행했다. 연구진은 10종류의 다양한 스시롤을 진열했는데, 1실험군에는 단일 색상의 테이블 위에 스시롤을 진열해 보여주었고 2실험군에는 화려한 색상의 커버를 깐 테이블에 진열했다. 그러자 화려한 색상의 2실험군이 더 무난하고 일반적인 스시롤을 고르는 경향이 나타났다. 앞서 살펴본 연구에서처럼, 진열대의 다채로운 색상이 차별화 욕구를 충족시켜 주었기 때문에 무난한 스시롤로 순응 욕구를 채웠다고 해석할 수 있다.

이처럼 오프라인 매장에서도 색이 소비자의 선택에 영향을 미칠 수 있기 때문에, 전략적으로 판매하는 상품이 있다면 매대 색상을 조절해 해당 상품을 선택할 수 있도록 유도해야 한다. 이제는 단순히 시각적인 차별화를 넘어, 고객의 시각을 자극하고 그들이 원하는 감각 경험을 전달하는 정교한 전략이 필요하다.

매장 혼잡도, 소리로 조절한다

'매장에 방문한 소비자들에게 어떻게 최상의 경험을 줄 것인가?' 최근 리테일 매장의 가장 큰 고민거리다. 과거에는 제품 중심으로 매장 경험을 짰지만 이제는 방문자 중심의 매장 경험이 필요하기 때문이다. 이를 위해서는 매장에 방문한 소비자가 어떤 방식으로 제품을 접하게 할 것인지를 미리 구성해 놓아야 한다.

일례로 매장 혼잡도를 생각해보자. 리테일 매장에서 가장 중요한 요소 중 하나가 바로 매장 혼잡도다. 매장이 너무 혼잡하면 방문자는 심리적 저항을 느끼고 자유롭게 몸을 움직이기 어렵다고 여겨 일찍 매장을 떠난다. 당연히 매출도 타격을 입는다.

재미있는 점은, 매장 혼잡도가 항상 부정적이지만은 않다는 사실이다. 매장에 사람이 너무 없으면 인기 없는 가게 같아서 들어가기가 망설여지고, 사람이 많으면 들어가보고 싶은 호기심이 발동한다. 이처럼 인간은 타인의 행위에 큰 영향을 받는다. 다른 사람들이 특정 제품을 만져보거나 구매하는 것을 보면 무의식적으로 따라 하고 싶어 한다. 바로 사회적 전염(social contagion) 효과다. 매장에 사람이 많을수록 방문객은 더 많은 타인의 행위를 관찰하고 영향을 받기 때문에, 일반적으로 사람 많은 매장은 매출도 높다.

이 같은 두 가지 상반된 효과 때문에 보통은 '판매하는 제품 특성에 맞도록 적절하게 매장 혼잡도를 유지해야 한다'는 이상적인 이야기로 끝나는 경우가 많다. 하지만 명품 매장이 아니면 방문객을 제약하기란 현실적으로 쉽지 않다. 그런데 최근 새로운 시도가 등장했다. 바로 청각 자극이다.

청각은 시각 다음으로 민감한 정보 채널로, 매장에서 일반적으로 사용하는 청각 자극은 배경음악이다. 노르웨이의 멀티센서리 마케팅 연구소와 독일 지겐 대학 공동 연구진은 매장에서 사용되는 음악이 소비자가 느끼는 매장 혼잡도에 어떤 영향을 주는지 살펴보기로 했다. 그들은 유럽에 위치한 식료품 매장 6곳에서 고객 4만여 명의 개별 쇼핑 데이터를 입수해, 매장에 빠른 템포 음악과 느린 템포 음악이 흐를 때 방문객들이 느끼는 혼잡도가 어떻게 달라지는지 분석했다.

먼저 연구진은 매장이 지나치게 복잡하거나 한가할 때 모두 매출에 부정적인 영향을 준다는 사실을 발견했다. 즉 매장 혼잡도가 매출에 미치는 영향은 정확하게 역유자형(inverted-u shaped pattern) 패턴을 그렸다.

그런데 흥미로운 예외가 있었다. 매장에서 느린 음악을 틀었을 경우에는 역유자형 결과가 나타났지만 빠른 템포의 음악을 사용했을 때에는 결과가 달랐다는 점이다. 매장이 혼잡하더라도 빠른 음악이 흘러나오면 매출은 오히려 상승했다.

결과가 달라진 이유는 무엇일까? 방문객의 심리적 각성(psychological arousal) 때문이다. 매장에 지나치게 사람이 많으면 소비자는 자연스럽게 심리적 각성 상태가 되어 평상시와는 다른 기분을 느끼고, 심장 박동이 빨라지는 등의 반응을 보인다. 일반적으로는 이 각성이 붐비는 매장 탓이라 여기고 빨리 떠날 가능성이 높지만, 빠른 템포의 음악이 흘러나왔을 때는 달랐다. 방문객들은 심리적 각성이 음악 때문이라 생각하고 매장에 불쾌감을 돌리지 않았다. 이를 '잘못된 귀인(misattribution)'이라 하는데, 말 그대로 관찰된 행동의 결과에 대해 원인을 잘못 상정하는 현상이다.

이처럼 청각을 효과적으로 자극할 수만 있다면, 방문객에게 불쾌감을 주지 않고도 최적의 매장 혼잡도를 찾아가는 해법을 알아낼 수 있다.

매장 음악 외에도 청각으로 고객과 커뮤니케이션하는 방법은 무척 다양하다. 특히 기업은 시각적인 로고와 더불어 반복적인 CM송(jingles)으로 소비자의 귀를 사로잡는다. 인텔을 보자. 인텔은 컴퓨터 칩을 제조하는 회사로, 소비자에게 시각적인 자극을 직접 주기가 어렵다. 컴퓨터를 분해하지 않는 이상 제품을 볼 수 없기 때문이다. 그래서 인텔이 주력한 것이 바로 TV광고의 CM송이다. 인텔은 TV광고에서 우리에게도 익숙한 '인텔 인사이드' 반복음을 계속 내보내 소비자에게 브랜드를 주입시켰다.

오래전부터 기업들은 브랜드 정체성을 확고하게 알리기 위해

CM송을 만들거나 시그너처 사운드를 만들어 소비자의 청각을 자극해왔으며, 그 전략은 점점 정교해지고 다양해지는 중이다. 켈로그를 보자. 켈로그가 가장 중요하게 생각하는 감각 경험은 무엇일까? 콘플레이크 회사이니 당연히 미각 경험을 우선시할 것 같지만, 켈로그는 미각 못지않게 청각을 중요하게 생각한다.

음식 회사가 왜 청각에 신경 쓸까? 일반적으로 콘플레이크는 아침에 먹는 음식이다. 그것도 아주 졸린 상태로, 맛을 음미할 정신도 없이 입에 욱여넣는다. 그런데 만약 콘플레이크를 씹었을 때 들리는 크런칭 사운드를 풍부하고 경쾌하게 만든다면? 콘플레이크를 더 좋아하게 되지 않을까? 특히 콘플레이크는 출근 전 아이들을 깨워 아침을 먹여야 하는 부모들의 필수품이다. 켈로그는 크런칭 사운드를 각인시킬 수 있다면 아이들도 콘플레이크를 먹으면서 빨리 잠에서 깰 수 있고, 부모들도 더 편해질 거라고 생각했다.

이를 위해 켈로그는 소리 연구소를 만들어 연구를 거듭한 끝에, 지금 우리가 즉시 떠올릴 수 있는 크런칭 사운드를 만들어냈다. 브랜드를 드러내고자 청각을 이용하는 것을 넘어, 고객의 삶에 긍정적인 영향을 미치고 유쾌한 경험을 선사한 좋은 예다.

청각 자극을 받으면 공간을 색다르게 느낄 수도 있다. 복합쇼핑몰 뉴우먼(NEWoMan)의 전략이 그렇다. 2016년에 문을 연 뉴우먼은 도쿄 신주쿠역과 연결되어 있는데, 신주쿠역은 전 세계에서 가장 복잡하고 난해한 지하철역으로 유명하다. 10개가 넘는 노선에서 쏟아지는 승하차 인원이 하루에만 300만 명이 넘고, 출구만 해도 200개 이상이다. '신주쿠역에 처음 도착한 사람은 그 즉시 길을 잃었다고 생각하라'는 농담이 있을 정도다.

뉴우먼은 '높은 퀄리티, 진짜를 추구하는 성숙한 여성'을 타깃으로 하여, 하이엔드 숍과 레스토랑을 입점시켜서 주위 복합쇼핑몰과의 차별화를 시도했다. 이를 위해서는 고객이 번잡한 신주쿠역과 뉴우먼 쇼핑몰을 '다른 공간'이라고 느끼게 만들어야 했다. 뉴우먼은 고객이 신주쿠역에서 쇼핑몰에 들어서자마자 '고급스럽다'는 느낌을 받게 하고 싶었다. 그래서 이용한 것이 바로 청각이다. 신주쿠역에서 뉴우먼으로 통하는 슬라이드 문을 지나면, 가장 먼저 평화로운 자연의 소리를 들을 수 있다. 고급 스피커를 슬라이드 문 양 옆에 설치해 새소리, 물소리 등 심신을 평화롭게 하는 소리가 흘러나오도록 한 것이다. 급하게 걸음을 옮기던 사람들도, 슬라이드 문을 열면 마법의 성에 들어온 듯 편안하게 쇼핑할 수 있는 기분에 젖도록 하려는 청각 경험 전략이다.

아이캐칭을 넘어 노즈캐칭으로

과거의 경험 마케팅은 핵심 감각인 시각에 집중되어 있었다. 브랜드 경험을 심어주려는 시도는 대부분 고객에게 다양한 볼거리를 제공하는 것으로 이루어졌다. 하지만 최근에는 이러한 아이캐칭(eye-catching) 방식을 넘어 후각을 이용하는 기업이 늘어나고 있다.

몇 년 전 버스를 탔을 때였다. 정류장에 도착할 즈음 "던킨 도넛의 커피가 이번 정류장에서 당신을 기다립니다"라는 라디오 광고가 흘러나왔다. 기분 때문일까? 버스 안에 커피향도 은은하게 감도는 것 같았다. 고소하고 부드러운 냄새에 흐뭇한 기분을 느끼며 정류장에 내리자, 이번에는 지면광고에 던킨 도넛 커피가 보였다. '아까 라디오 광고에서 이 근처에 던킨 도넛 매장이 있다고 하지 않았나?' 나도 모르게 매장을 찾게 되었고, 결국 커피 한 잔을 사 마셨다.

내가 경험했던 던킨의 '향기 나는 라디오' 캠페인이다. 버스가 던킨 매장 근처 정류장에 정차할 때 광고와 함께 던킨의 로고송이 나오게 하고, 그때마다 버스 안에 설치한 커피향 방향제가 자동으로 분사되도록 한 후각 마케팅이다. 누구나 한 번쯤 버스나 지하철에서 '○○에 가실 분들은 이번 역에서 내리시기 바랍니다'라는 광고를 들어보았을 것이다. 던킨은 한발 더 나아가 버스에 커피향 방향제를 설치해 후각 마케팅을 펼쳤고, 캠페인 기간 동안 매장 방문객 수는 16%, 커피 판매량은 30% 증가했다.

프리미엄 스카치위스키 브랜드인 로열 샬루트도 마케팅에 후

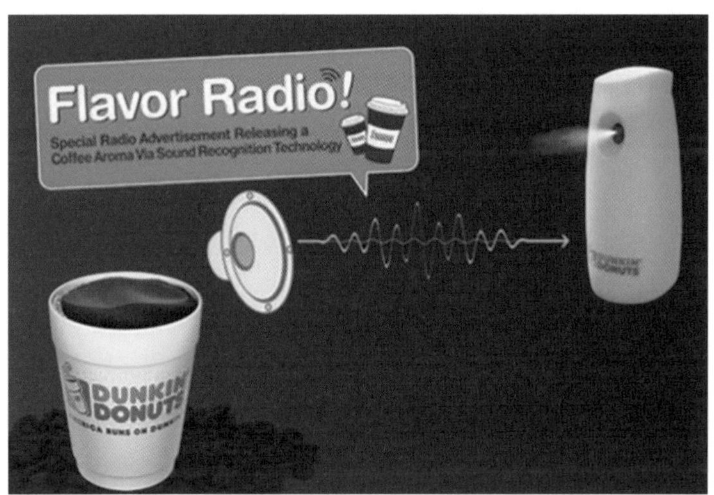

▲던킨의 '향기나는 라디오' 마케팅.(출처: 던킨)

각을 이용한다. 로열 샬루트는 브랜드 라운지를 만들면서 벽체를 오크로 꾸몄는데, 여기에는 오랜 기간 위스키 숙성에 사용됐던 오크통 목재가 사용됐다. 나무에 밴 위스키 향이 라운지를 은은히 채웠음은 물론이다.

식음료 기업만 후각을 활용하는 것이 아니다. CGV는 대부분의 극장을 멀티플렉스로 운영하다 보니 상영관 크기가 작을 수밖에 없다. 아무리 시설이 좋아도, 어둡고 좁은 공간에서는 불편함을 느낄 확률이 커지기 마련이다. 그래서 CGV는 상영관 내에 피톤치드를 발산하는 편백나무 향이 나도록 했다. 특히 강변CGV는 아예 힐링 숲을 컨셉으로 삼아, 실제 이끼와 식물로 공간을 꾸며 좋은 반응을 얻기도 했다.

싱가포르 항공 또한 좁은 비행기 안에서 고객들이 느끼는 불편함을 줄이기 위해, 향수 전문 회사에 의뢰해 만든 '스테판 플로리다 워터스(Stefan Florida Waters)' 향을 기내에 사용하고 있다. 고객의 스트레스를 줄이는 동시에 향기로 자사의 브랜드를 각인시키는 후각 경험 전략이다.

이탈리아 청바지 브랜드 야콥 코헨(Jacob Cohen)은 브랜드에 프리미엄 이미지를 부여하기 위해 향기를 이용했다. 청바지는 고급 이미지가 없는 데다 이미 유명한 브랜드가 많아 소비자들에게 브랜드를 인식시키기 쉽지 않다. 야콥 코헨은 최고급 원단을 사용한다는 홍보만으로는 차별화가 쉽지 않다고 보고 청바지에 향기를 입히기로 결정했다. 야콥 코헨의 청바지 포장을 열면 장미향이 은은하게 풍겨 후각을 가장 먼저 자극한다. 보통 청바지는 편하게 입는 옷이라는 인식이 강하지만, 야콥 코헨은 청바지에 향기를 입혀 고객에게 색다른 브랜드 이미지를 전달할 수 있었다.

마케팅 전문가들은 후각을 이용한 마케팅 커뮤니케이션 전략이 앞으로 빠르게 성장할 것이라고 보고 있다. 후각 경험이 왜 중요할까? 현재 광고 커뮤니케이션의 80% 이상이 시각과 청각을 기반으로 하기 때문이다. 고객에게 좀 더 색다르고 풍부한 경험을 주기 위해 새로운 감각을 건드려야 할 때가 온 것이다.

게다가 후각은 소비자와의 접점을 만들기가 상대적으로 용이하다. 소비자들은 원한다면 광고를 의도적으로 보지 않거나 듣지 않을 수 있지만, 후각은 그러기가 쉽지 않다. 성인은 하루에 평균 1만 8000번에서 3만 번가량 숨을 쉬기 때문에, 광고용으로 만들었다고 해서 그 향을 거부할 도리가 없다. 불쾌한 냄새가 아닌 이상 코로 숨을 쉬기 마련이고, 그 과정에서 자연스럽게 기업이 만든 후각 경험에 노출될 수 있다는 말이다.

마지막으로, 인간에게 가장 큰 정서적 감흥을 주는 감각기관은 다름 아닌 후각이다. 뇌과학자들에 따르면 후각은 감정을 관할하는 우뇌와 밀접한 연관이 있다고 한다. 감각기관 중 가장 큰 영향력을 발휘하는 것은 시각이지만, 후각은 특정 향기에 노출되면 곧바로 정서적인 측면에 영향을 미칠 수 있다. 따라서 인지적 측면이 아니라 정서적 측면에서 마케팅을 하고자 한다면 후각 경험을 적극 활용하는 것이 좋다.

후각을 이용한 공간 전략도 다양해지고 있다. '서점은 책만 사는 곳'이란 고정 관념을 없애 엄청난 매출을 낸 일본의 츠타야 서점이 대표적이다. 이곳에서는 들어섰을 때 가장 잘 보이는 공간을 스타벅스가 차지하고 있다. 서점에 들어가면 사람들이 편안하게 커피를 마시며 책을 살펴보는 모습이 가장 먼저 눈에 띈다. 덕분에 츠타야 서점에는 늘 커피향이 가득하다. 의도적으로 스타벅스를 입점시켜 만들어낸 후각 마케팅이라 할 수 있다. 많은 편집

숍이 입구에 향기나는 제품이나 향초를 비치하는 것도 비슷한 이유다.

와인이 맛있는 이유는 무겁기 때문?

세상에는 100만 종류가 넘는 와인 브랜드가 존재한다. 이 많은 와인을 평가하기 위해서는 당연히 미각이 가장 중요하다. 하지만 와인을 많이 접해보지 못한 초보자들은 엉뚱하게도 맛이 아니라 와인 병이 주는 느낌에 더 큰 영향을 받는다고 한다.

사람들은 무게가 무거울수록 품질도 더 좋다고 여기는 경향이 있다. 같은 맥락으로, 와인도 병을 들었을 때 묵직하게 느껴질수록 좋은 와인이라고 믿는다. 들었을 때 손을 통해 느껴지는 정보가 상품 선택과 매출에 중요한 역할을 하는 셈이다.

영국 옥스퍼드 대학과 네덜란드의 바헤닝언 대학연구소는 이를 증명하기 위해 150명의 소비자를 대상으로 공동 연구를 진행해, 와인 병의 무게가 와인 맛 평가에 어떤 영향을 주는지 살펴보았다. 결과는 놀라웠다. 조사에 참가한 사람들 대부분 무거운 와인일수록 더 맛있고 비싸다고 평가했으며, 와인에 대한 전문 지식이 없을수록 이 믿음은 더 크게 나타났다.

연구진은 옥스퍼드의 한 와인 가게에서 판매하는 275가지 와인의 무게를 측정해 제품 가격과 품질이 무게와 어떤 상관관계가 있는지도 살펴보았다. 이 조사에서도 와인이 무거울수록 가격도 더 높다는 결과가 나왔다. 와인 회사들이 비싼 와인을 무거운 병에 담아 판매하는 것은 우연이 아니었다. 소비자들의 기준을 이미 알고 있었던 것이다.

와인 회사들만 그런 것이 아니다. 비츠 바이 닥터 드레(Beats By Dr. Dre)는 가로수길이나 이태원 등 핫플레이스에서 트렌디한 사람들이 가장 많이 사용하는 헤드폰이다. 음향기기 회사 비츠 일렉트로닉스의 제품인데, 힙합 뮤지션 닥터 드레가 튜닝을 맡은 것으로 유명하다.

그런데 볼트(Bolt)라는 하드웨어 스타트업의 제품 엔지니어가 재미있는 사실을 발견했다. 닥터 드레의 초기 헤드폰 모델을 해체해보니, 아무런 기능도 없는 메탈 조각이 4개나 들어 있었다고 한다. 이 조각들이 전체 헤드폰 무게의 절반 정도를 차지했다. 한마디로 단순히 무게를 늘리기 위한 부품이었다. 비츠 일렉트로닉스도 와인 병과 마찬가지로 '무거울수록 고급스럽다'는 소비자들의 인식을 알고 있었던 것이다.

이 전략은 비즈니스 성장에 큰 도움을 주었다. 비츠는 미국 내 무선 헤드폰 시장의 46%를 차지하며 압도적인 1위 자리를 고수하고 있으며(2016년 스테이티스타Statista 분석자료), 고급 프리미엄 헤드폰 시장의 70% 이상을 독점하고 있다(〈Inc.〉 매거진). 가격도 비싼 데다 목에도 무리가 가지만, 고급 이미지를 원하는 소비자들은 계속해서 비츠 헤드폰을 찾는다.

이처럼 무거운 것은 가벼운 것에 비해 영향력이 더 크고 인상도 더 강하다. 벤츠나 BMW 등 외제차 딜러들이 "문 닫는 느낌도 다릅니다. 묵직하죠"라고 강조하는 이유도 마찬가지다. 자동차 문을 열고 닫을 때 느끼는 묵직함은 안전이라는 기능적 편익을 위해서이기도 하지만, 소비자에게 고급스럽다는 느낌을 직접 전해주는 역할도 한다.

이처럼 촉각은 인간의 의사 결정에 중요한 영향을 미친다. 인간은 신체적으로 접촉한 대상에 긍정적인 반응을 보이는 경향이 있다. 텔아비브 대학의 야코브 코닉(Jacob Hornik) 교수는, 소비자들이 악수 등 단순한 신체접촉만으로도 판매자에게 호의를 가질 수 있고 나아가 그가 판매하는 제품에 대해서도 긍정적인 태도를 취한다는 사실을 밝혀내기도 했다.

접촉으로 형성되는 긍정적인 감정은 사람뿐 아니라 제품에도 동일하게 적용된다. 제품을 만지게 하는 것만으로도 해당 제품을 좋아하게 만들 수 있다는 이야기다. 소비자들은 동일한 조건이라면 만지지 못하게 한 제품보다 만질 수 있는 제품에 더 호감을 느낀다. 그러므로 가능한 한 소비자가 매장의 제품을 만져보도록 장려하고, 촉각을 통해 제품을 접하도록 유도해야 한다.

오프라인 매장에는 제품이 진열돼 있으니 촉각 경험은 저절로 이루어지지 않을까? 그럴 수도 있다. 하지만 조금만 더 신경을 써 보자. 하다못해 매장 내 장바구니의 위치만 바꾸어도 촉각 경험이 배가될 수 있다. 바구니를 사용하는 소비자는 그렇지 않은 소비자보다 손이 자유롭고, 더 적극적으로 제품을 만져볼 수 있기 때문이다. 매출이 더 오르는 것은 물론이다.

한 번은 동네에 있는 작은 마트에 간 적이 있다. 필요한 것이 많지 않았기에 굳이 입구에 놓인 바구니를 들고 들어가지 않았다. 그런데 진열된 상품을 보다 보니, 집에 세제가 떨어졌고 건전지도 필요하다는 사실이 떠올랐다. 하지만 이미 손은 자유롭지 않았고, 물건을 더 집어들기 어려웠다. 얼른 주위를 둘러보았지만 바구니는 입구에만 있었다. 내가 입구까지 다시 갔을까? 아니다. 결국 손에 든 물건만 계산하고 매장을 나왔다.

누구나 이런 경험이 있을 것이다. 사람들은 일단 구매하고자 하는 제품을 집어든 후, 좀 더 여유로운 마음으로 매장을 둘러보게 된다. 만약 바구니가 매장 이곳저곳에 있다면 소비자는 좀 더 많은 물건을 만져보거나 담을 수 있다. 즉, 바구니를 사용하는 소비자는 제품을 더 많이 접할 수 있기 때문에 구매 가능성도 높아진다. 반면 두 손이 자유롭지 않다면 어떨까? 시각으로는 제품을 느낄 수 있지만 촉각으로는 불가능하기 때문에, 구매 가능성도 그만큼 낮아진다.

이런 이유로, 전통적인 오프라인 매장을 구성할 때에는 바구니나 쇼핑 카트 위치를 신중하게 고민해야 한다. 매장 입구를 급하게 지나치는 소비자도, 사야 할 물건을 확보한 후 여유를 찾은 소비자도 바구니를 손쉽게 찾을 수 있도록 매장 곳곳에 비치하는 것이 좋다. 하지만 여전히 많은 리테일 매장들이 이 점을 고려하고 있지 않다. 서울 시내 대부분의 대형 마켓도 매장 입구에만 쇼핑카트와 바구니를 비치해놓고 있다.

이외에도 리테일숍들은 다양한 전략을 통해 소비자의 촉각 경험을 돕고 있다. 예를 들어 무료 샘플을 적극적으로 나누어주는 것 또한 촉각을 자극하는 전략 중 하나다. 화장품 매장에서 제품을 사용해보게 하는 것도 제품의 효과뿐 아니라 질감을 느끼게 해 구매율을 높일 수 있다.

기업은 소비자가 제품을 만졌을 때 어떤 느낌을 받게 할 것인지 고민해야 한다. 촉각을 자극하는 요소들(tactile input) 중 무엇을 제품에 넣을 것인가? 얼마나 무겁고 단단하게 만들 것인가? 얼마만큼 부드럽게 느껴지게 할 것인가? 특히 휴대폰이나 필기구, 리모컨처럼 제품을 잡았을 때의 즉각적인 느낌이 선택에 영향을 미치는 경우에는 더욱 신중하게 접근해야 한다.

문제는 온라인이다. 많은 기업이 소비자의 감각을 자극하고자 노력하고 있지만, 온라인 매장에서는 피부로 느끼는 것이 현실적으로 불가능하다. 촉각을 사용할 수 없는 것이 온라인 매장의 가장 큰 단점인 셈이다. 실제로 조지아 공과대학교와 워싱턴 주립

대학교가 〈비즈니스 리서치 저널(Journal of Business Research)〉에 발표한 연구에 따르면, 구매할 때 촉각 정보를 중요하게 여기는 사람일수록 인터넷으로 물건을 사지 않는다고 한다. 온라인 매장은 이 같은 한계를 어떻게 극복해야 할까?

벨기에 안트베르펜 대학 연구진은 한 가지 실험을 진행했다. 인터넷에서 제품 이미지를 보여줄 때 촉각적인 감정을 잘 전달해주는 대화형 인터페이스(interactive interface) 방식을 사용하느냐, 제품의 이미지를 정확하게 전달해주는 고정된 인터페이스(static interface) 방식을 사용하느냐에 따라 소비자의 태도가 어떻게 달라지는지를 관찰하는 실험이었다.

실험 참가자들은 연구자들이 만든 인터넷 쇼핑몰 사이트에 들어가서 판매 중인 스카프를 살펴보라는 미션을 받았다. 고정된 인터페이스 방식을 사용하는 참가자들은 정지된 스카프 이미지를 보았고, 대화형 인터페이스 방식의 참가자들은 제품 이미지에 마우스 커서를 대고 이동시키면 마치 손으로 만졌을 때처럼 부드럽게 변형되는 이미지를 보았다. 말하자면 간접적인 촉각 경험이다. 실험 결과, 대화형 인터페이스가 고정된 인터페이스에 비해 긍정적인 감정을 더 많이 이끌어냈다. 반드시 피부를 통해 물건을 만지지 않더라도 촉각을 자극할 수 있다는 것이다.

fMRI를 이용한 신경과학 연구 또한, 만져보았다는 느낌을 강하게 전달하는 시각적 자극 요소만으로도 마치 해당 제품을 직접 만진 듯한 느낌을 줄 수 있다고 말한다. 뇌에는 물건을 실제로 만졌을 때 활성화되는 영역이 있다. 하지만 반드시 촉각을 자극하지 않아도, 앞선 실험의 대화형 인터페이스처럼 촉각에 대한 시각적 자극만으로도 이 영역을 활성화시킬 수 있다. 즉, 제품을 만질 때 느껴지는 감각을 이미지로 잘 표현한다면 실제 제품을 만질 때 느껴지는 감정까지 불러일으킬 수 있다는 말이다.

디지털 전환 시대, 촉각을 전달하는 이미지처럼 온라인 매장에서 사용할 수 있는 수많은 기술들이 속속 등장하고 있다. 가상현실(virtual reality)과 증강현실(augmented reality) 기술, 360도 이미지 회전기술(360-spin rotation) 등 온라인에서도 제품이 눈앞에 있는 것처럼 느끼게 하는 기술이 앞으로도 계속 만들어질 것이다. 기업은 이러한 기술을 이용해 온라인에서도 소비자의 감각을 자극할 수 있도록 적극적으로 노력해야 한다.

오감을 연결해 시너지를 만들어라

인간은 살아가면서 외부 정보와 끊임없이 상호작용한다. 이 정보는 뇌로 흘러가고, 과거 경험과의 비교 대조를 통해 최종적으로 '새로운 경험' 카테고리를 만들어낸다. 중요한 것은, 정보가 뇌로 가기 전에 거치는 필수 경로가 바로 오감이라는 사실이다. 즉 최적의 경험은 오감으로 정보를 획득한 후에 만들어진다. 경험 마케팅에 뛰어들려는 기업이 오감 연구를 게을리 해서는 안 되는 이유가 이것이다. 나아가 하나의 감각에만 집중할 것이 아니라 다채로운 형태로 오감을 연결하도록 노력해야 한다.

여러 감각을 연결하면 시너지 효과가 난다는 사실은 여러 연구를 통해 이미 증명된 바 있다. 미국의 교육학자 에드거 데일(Edgar Dale)의 경험 모델(cone of experience)에 따르면, 청각으로 메시지를 전달받은 사람들은 시간이 흐른 뒤 메시지의 20%만을 기억했고, 시각으로 전달받은 경우 약 30%를 기억했다고 한다. 하지만 시각과 청각을 동시에 이용해 메시지를 받은 사람들은 50% 이상의 내용을 기억해냈다. 또한 역할극과 같은 다채널 경험을 제공하면 메시지의 70% 이상을 기억할 수 있었다. 즉, 동일한 메시지라 하더라도 두 가지 이상의 감각을 통해 전달하면 효과가 증폭되었다.

우리는 앞에서 쇼핑 카트나 바구니의 위치가 매출에 미치는 영향을 살펴본 바 있다. 매출을 높이려면 장바구니나 카트를 매장 곳곳에, 눈에 띄기 쉽게 두어야 한다는 이야기였다. 이케아는 오감을 이용한 흥미로운 방식으로 이 문제를 해결하고자 했다. 시각과 청각을 동시에 이용해 쇼핑 카트의 위치를 빠르게 찾을 수 있도록 한 것이다. 우선 위치를 표시한 시각적 가이드라인을 제공하고, 카트가 놓인 장소 인근에 카트끼리 부딪히는 소리를 틀어주었다. 그 결과 방문객들은 자연스럽게 쇼핑 카트의 위치를 파악하고, 굳이 직원을 찾아서 물어보는 수고로움 없이도 카트를 찾아 쇼핑을 즐길 수 있게 되었다. 촉각 경험을 위해 다른 감각들까지 효과적으로 사용한 좋은 사례라 하겠다.

이처럼 기업은 하나의 감각에만 집중할 것이 아니라 다양한 감각을 연결하여 종합적인 감각 경험을 주어야 한다. 온라인에서도 마찬가지다. 앞서 언급한 사례처럼, 디지털 기술의 발달이 '온라인에서는 촉각을 이용할 수 없다'는 통념마저 바꾸고 있으니 말이다.

이러한 이유로 최근 많은 리테일숍들은 온라인에 연결된 다양한 기기를 통하여 소비자들에게 풍부한 경험을 제공하려고 노력하고 있다. 맥심 플랜트의 '공감각 커피'처럼 말이다.

한국 믹스커피의 대명사 맥심이 2018년 4월 이태원에 '맥심 플랜트'라는 카페를 오픈하면서 새로운 도전에 나섰다. 고급 커피 시장의 성장에 발맞추어 동서식품 또한 맥심 브랜드의 고급 이미지 창출에 나선 것이다. 맥심 플랜트에는 일반적인 카페 공간뿐 아니라 책을 읽거나 공부할 수 있는 지하 공간, 전문적인 커피 교육을 받을 수 있는 장소도 마련되어 있다.

하지만 맥심 플랜트는 단순히 브랜드 이미지 재고를 위한 프로젝트가 아니다. 동서식품은 커피 마시는 공간을 넘어 8층에 이르는 '커피 문화공간'을 통해 소비자에게 다채로운 경험을 선사하고자 했다. 특히 소비자의 오감을 모두 사용하게 하고 각각의 감각 경험을 연결하려는 노력이 돋보인다.

맥심 플랜트의 명물은 '공감각 커피'다. 카페에 준비된 스마트 패드를 이용해 본인의 취향을 묻는 몇 가지 질문에 대답하면, 이를 기반으로 24가지 블렌딩 커피 중 하나를 추천해준다. 원두 아카이브에서 커피 블렌드를 선별하는 과정에는 50년 동안 수십만 톤의 원두를 다룬 맥심의 노하우가 고스란히 녹아 있다.

이렇게 얻은 '맛'이라는 감각 경험은 다른 오감 자극과도 연결된다. 진열장에는 24가지 블렌딩 커피의 정보를 담은 카드가 준비되어 있어 고객이 마시는 커피에 맞게 제공된다. 스마트 패드를 통해 질문에 응답하는 대신 진열장에서 마음에 드는 카드를 직접 선택하는 방식으로 커피를 고를 수도 있다.

▼맥심 플랜트는 커피 한 잔을 주문하면 커피에 어울리는 시각, 청각 경험까지 함께 준비해준다.

이 카드에는 무엇이 적혀 있을까? 지금 마시는 커피에 대한 정보뿐 아니

라 그 커피에 어울리는 시구와 음악, 색깔 등이 담겨 있다. 카드는 맥심이 선정한 작곡가와 시인 그리고 디자인 팀이 각각의 블렌딩 커피를 시음한 후, 이와 어울리는 콘텐츠를 뽑아 만든 것이다. 고객은 시를 눈으로 읽으면서 온라인 음원 스트리밍 사이트에 들어가 추천 음악을 찾아 듣는다. 이어폰이 없다면 바리스타에게서 고급 이어폰을 빌릴 수도 있다.

이처럼 맥심 플랜트는 커피를 마시는 미각 자극을 다른 감각과 연결시켜 고객에게 좀 더 특별한 경험을 주고자 했다. 매장에 비치된 스마트 기기와 소비자의 스마트폰을 이용해 끊김 없이 온라인과 오프라인을 넘나들게 한 점도 주목할 만하다.

최근 전 세계 커피 시장은 스페셜티 커피 브랜드로 불리는 고급 커피 시장을 중심으로 크게 성장하고 있다. 최근 스타벅스가 고급 원두만을 사용하는 스타벅스 리저브 매장을 중심으로 확장하는 것도 같은 이유다. 커피 시장의 강자 블루보틀 역시 양질의 커피를 세련된 분위기와 함께 제공하면서 빠르게 성장했다. 국내 커피 시장 역시 여전히 건재하다. 관세청과 커피업계가 발표한 자료에 따르면 2017년 한 해 동안 한국인들이 마신 커피는 265억 잔, 1인당 512잔이었다.

하지만 명만큼 암도 짙다. 2017년 나이스비즈맵 상권분석 서비스 통계 발표에 따르면, 커피 전문점 대부분이 2년을 못 넘기고 문을 닫는다고 한다. 고급 원두커피를 제공하는 전문 커피숍이 늘어나고 경쟁이 더욱 치열해지면서, 이제 커피의 맛만으로는 차별화하기 힘든 시대가 왔다. 차별화를 고민하던 동서식품은 좋은 커피만으로는 스타벅스 등 시장의 강자들을 넘어서기 힘들다고 판단하고, 커피에 다양한 오감을 연결하여 고객들에게 깊이 있는 브랜드 경험을 선사함으로써 차별화를 꾀하고 있다.

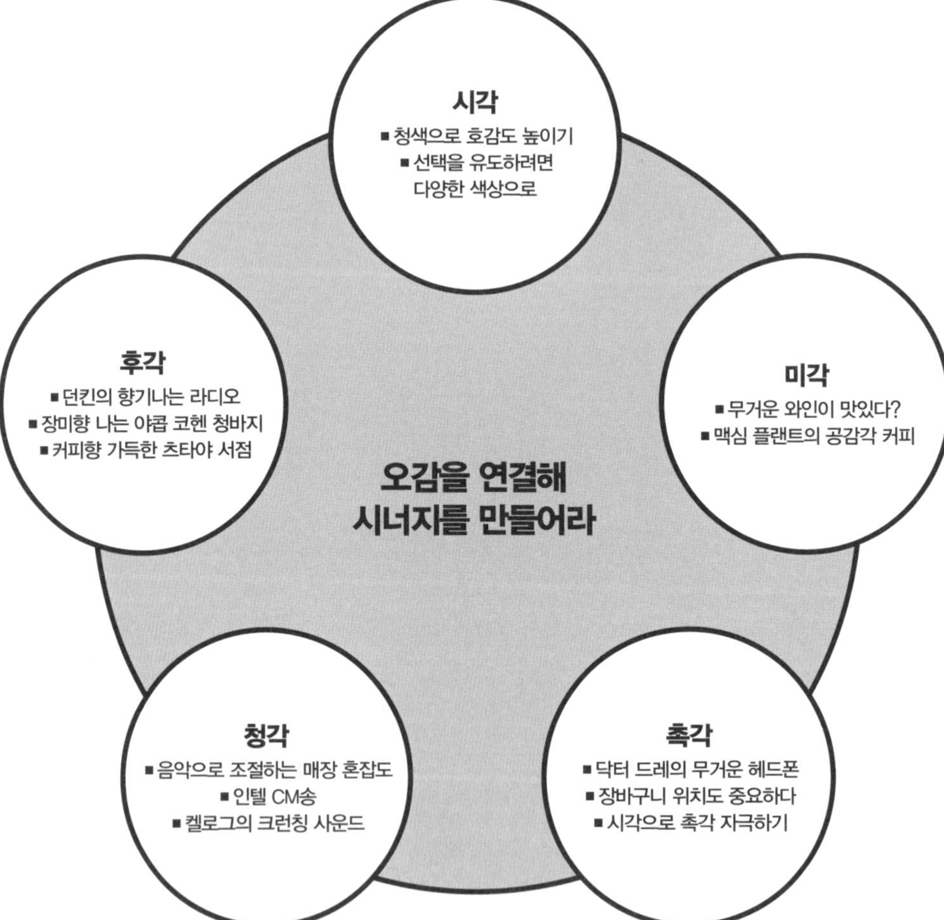
시각
■ 청색으로 호감도 높이기
■ 선택을 유도하려면
다양한 색상으로
미각
■ 무거운 와인이 맛있다?
■ 맥심 플랜트의 공감각 커피
촉각
■ 닥터 드레의 무거운 헤드폰
■ 장바구니 위치도 중요하다
■ 시각으로 촉각 자극하기
청각
■ 음악으로 조절하는 매장 혼잡도
■ 인텔 CM송
■ 켈로그의 크런칭 사운드
후각
■ 던킨의 향기나는 라디오
■ 장미향 나는 야콥 코헨 청바지
■ 커피향 가득한 츠타야 서점
오감을 연결해
시너지를 만들어라

브랜드와 오감으로 만나게 하라.

공간을 찾아온 이들에게
오감을 연결시키는
다채로운 경험을 제공하라.

CHAPTER 4

공간에서
브랜드를
경험하게 하라

오프라인 공간, 조연에서 주연으로

디지털은 우리를 둘러싸고 있는 공간의 의미를 재정의하고 있다. 과거 오프라인 매장은 판매하는 제품과 서비스의 '배경'과 같은 존재였다. 제품과 서비스가 주연이라면 공간은 철저히 조연에 머물렀다. 그러나 디지털은 이러한 공간 개념을 혁신적으로 파괴했다. 이제 방문객의 손에는 온라인 판매처에 언제든 접속할 수 있는 스마트폰이 있기 때문에, 오프라인 매장이 아니어도 얼마든지 제품을 구매할 수 있다.

이를 두고 많은 이들이 오프라인의 위기라고 했다. 하지만 관점을 한번 바꿔보자. 제품을 오프라인에서만 판매하는 게 아니라면, 오프라인에서 '판매'만 고집할 필요가 있을까? 오프라인이 제품과 서비스의 배경에 머물 필요가 있는가 말이다. 브랜드 컨셉이 녹아 있는 경험을 충실히 전달하기만 한다면 고객은 언제든 구매장소를 스스로 찾아나설 수 있다. 실제로 공간의 정의가 이렇게 바뀌는 중이다.

디지털 전환 시대, 공간은 이제 제품을 위한 배경이 아니라 주인공으로서 소비자에게 다가갈 수 있게 되었다. 이미 많은 브랜드가 제품을 판매하지 않는 독특한 오프라인 매장에서 다양한 브랜드 경험을 제공하는 데 주력하고 있다. 공간이 스스로 주연이 되고, 나아가 스스로 브랜드를 나타내기 시작한 것이다.

제품이 아니라 컨셉을 진열한다

선글라스 하면 한국 소비자들은 어떤 브랜드를 떠올릴까? 몇 년 전까지만 해도 구찌, 샤넬 등 외국 명품 브랜드가 대다수였다. 이런 흐름을 완전히 바꿔놓은 한국 토종 브랜드가 바로 젠틀몬스터다. 젠틀몬스터는 선글라스 한 품종에만 집중해 연매출 1500억 원을 달성한 브랜드로, 2017년 세계 1위 럭셔리 그룹인 LVMH로부터 600억 원 투자를 받는 등 꾸준히 성장하고 있다.

젠틀몬스터가 대중에게 알려진 데에는 전지현이나 틸다 스윈튼 같은 국내외 유명 배우들과의 콜라보 마케팅도 중요한 역할을 했다. 인기 드라마 〈별에서 온 그대〉에서 전지현 씨가 젠틀몬스터 선글라스를 쓰고 나온 PPL 마케팅은 유명세를 얻는 데 큰 도움이 되었다. 하지만 이들의 성공에 가장 큰 역할을 했다고 평가받는 것은 다름 아닌 공간 마케팅이다.

젠틀몬스터의 공간 전략은 크게 두 가지로 나뉜다. 하나는 플래그십 스토어이되 제품 판매처라는 느낌을 최대한 숨긴 쇼룸 스토어, 다른 하나는 제품을 아예 판매하지 않는 컨셉 스토어다.

2015년 5월 서울 계동에 오픈한 '배스 하우스(Bath House)'는 말 그대로 동네의 옛 목욕탕을 젠틀몬스터의 컨셉에 맞게 쇼룸으로 변화시킨 곳이다. 목욕탕 시절의 보일러실, 사우나실, 욕탕 등의 내부시설을 원형 그대로 보존해놓았다. 선글라스와는 한참 동떨어진 곳 같지만, 아이웨어 제품들은 이곳에 자연스럽고 태연하게 놓여 있다. 이 실험적이고 혁신적인 공간은 그 자체로 젠틀몬스터 특유의 예측불가능한 파격을 효과적으로 인식시켰다. 브랜드 인지도 상승에 큰 역할을 했음은 물론이다. 찾아가기 쉽지 않은 장소임에도 각종 SNS에 방문 후기가 쏟아지면서 가로수길, 홍대 등에도 그들만의 독특한 쇼룸이 생겨났다.

쇼룸이 소비자들의 엄청난 관심을 받고 판매 효과로도 이어지자, 젠틀몬스터는 2016년 7월 한층 과감한 공간 실험을 한다. '배트 스토어(Bat Store)'가 그곳으로, 스토어인데도 제품이 아예 없는 공간이다. 이 공간은 제품을 위한 조연이 아니라 그 자체로 '공간 퍼포먼스'의 주연이다. 대중에게 친근한 소재인 카페를 재해석한 '농장 속의 카페(coffee in the farm)'는 바닥에 흙을 깔고 2층

◀젠틀몬스터의 쇼룸 스토어 '배스 하우스.' 서울 계동의 옛날 목욕탕을 쇼룸으로 사용해 브랜드 이미지를 부각시켰다. 찾아가기 다소 어려운데도 각종 SNS에 방문 후기가 쏟아졌다.(출처: 젠틀몬스터 홈페이지)

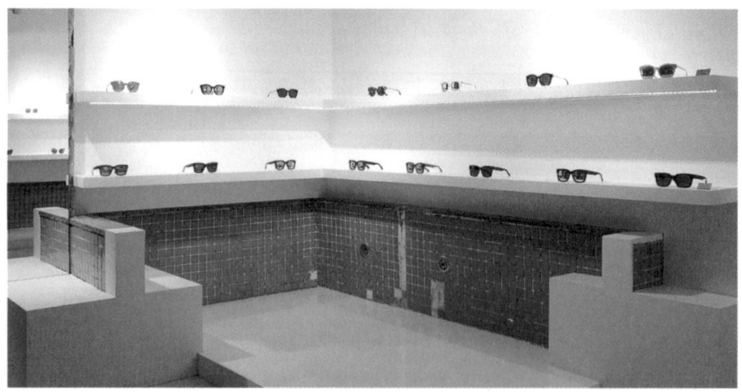

▲대중에게 친근한 소재인 카페를 재해석한 배트 스토어 '농장 속의 카페.' 바닥에는 흙을 깔고 2층에는 빽빽한 옥수수밭을 만들었다.(출처: 젠틀몬스터 홈페이지)

에는 빽빽하게 옥수수를 심었다. 만화방 컨셉인 '코믹북, 더 레드(comic book, the red)'는 《드래곤볼》, 《슬램덩크》 등 유명 만화책 표지를 모두 빨간색으로 특별 제작해 배치하기도 했다.

배트 스토어에는 공간에 대한 젠틀몬스터의 깊은 고민이 담겨 있다. 독특한 쇼룸은 소비자들의 이목을 집중시키기 충분했지만, 브랜드에 대해 그 이상의 직접적인 체험을 할 수 있는 공간은 아니라는 지적도 있었다. 젠틀몬스터는 이러한 한계를 극복하고자 공간에서 아예 제품을 걷어내고, 소비자가 직접 누리고 참여하며 브랜드 정체성을 더 밀도 있게 체험할 수 있도록 공간을 구성했다. 빽빽한 옥수수밭에서 커피를 마실 수 있게 하고, 좋아하는 만화책을 독특한 공간에서 보여주는 것. 이는 모두 '예측할 수 없다', '남들

▲배트 스토어 '코믹북, 더 레드.' 《드래곤볼》, 《슬램덩크》 등 유명 만화책 표지를 빨간색으로 특별 제작해 배치했는데, 공간 자체도 강렬한 빨간색을 띤다. (출처: 젠틀몬스터 홈페이지)

이 따라 할 수 없다'는 브랜드 가치를 전달하기 위한 고민의 산물이다. 이처럼 배트 스토어는 주기적으로 컨셉을 달리하면서, 젠틀몬스터가 추구하는 브랜드 가치를 공간에 담아내는 장소로 사용되고 있다.

이들의 공간 실험은 가로수길 배트 스토어에서 극명하게 느낄 수 있다. 이곳은 일종의 예술 전시공간으로, 인근 젠틀몬스터에서 제품을 구매한 고객에게만 그날그날 바뀌는 입장 비밀번호를 알려준다. 가로수길은 트렌드에 민감한 상권으로, 젠틀몬스터의 메인 타깃 소비자들이 가장 많이 모이는 장소다. 젠틀몬스터는 이곳에 판매를 위한 매장만 두지 않고 다채로운 경험을 제공하는 공간도 따로 운영하면서, 매장과 배트 스토어의 시너지 효과를 계속해서 실험해보는 중이다.

야에카다움을 드러내려면 어디에 있어야 할까?

야에카(Yaeca)는 옷 좀 입는 사람, 옷 사려고 일부러 도쿄에 가는 사람들 사이에서 가장 핫한 브랜드다. 2002년 남성복 브랜드로 시작한 야에카는 2005년 여성복 시장에 뛰어들었고, 지금은 라이프스타일 전반에 걸친 다양한 제품을 파는 패션 브랜드로 성장했다.

흥미로운 사실은, 다양한 제품을 판매하는 야에카가 최근 몇 년에 걸쳐 돈 벌 생각이 전혀 없어 보이는 매장을 계속 선보이고 있다는 사실이다.

2012년 도쿄 나카메구로의 허름한 맨션 2층에 문을 연 '야에카 아파트먼트 스토어'는 일반적인 맨션을 개조하지 않고 그대로 쓰고 있다. 이곳에는 눈에 띄는 간판도, 세련된 통유리 진열장도 없다. 입구에는 평범한 아파트 출입문뿐이어서, 일반 가정집처럼 초인종을 누르면 점원이 열어주는 구조다. 마치 이 가게가 여기 있다는 사실을 알리고 싶어 하지 않는 것 같다.

안내를 받아 들어가면 선반, 싱크대 등 일반적인 아파트와 똑같

▲야에카 아파트먼트 스토어가 입점해 있는 곳. 상가가 아니라 평범한 맨션 건물이다.

▲야에카 아파트먼트 스토어 입구. 평범한 아파트 출입문이어서 일반 가정집처럼 초인종을 누르면 들어갈 수 있다. 문 앞에는 영업 중인지 알려주는 안내판이 있다.

▲선반, 싱크대 등 일반적인 아파트와 똑같은 구조의 내부. 매장이 아니라 집인 듯 자연스러운 분위기에서 제품을 소개했다.

은 구조의 내부 공간이 나온다. 이곳에서는 단출하고 평범한 가구를 진열대로 사용해 자연스러운 분위기에서 제품을 소개하고 있다. 의류와 액세서리에도 특별한 진열대를 사용하지 않아서, 여느 집에나 있는 옷장을 보는 듯한 느낌이다. 마치 친한 친구의 조그마한 아파트에 초대받은 듯, 소박하지만 환대받는 느낌이 들도록 꾸며져 있다. 독특한 스타일로 두터운 마니아층을 만든 브랜드답게 '야에카만의 세계'를 강조하는 듯하다.

야에카는 한 단계 더 나아가, 시로카네다이 지역의 단독주택을 개조해 만든 '야에카 홈 스토어'를 선보였다. 이곳의 가장 큰 특징

▲야에카 아파트먼트 스토어에서는 의류와 액세서리에도 특별한 진열대를 사용하지 않았다. 덕분에 친구의 아파트에 초대받아 옷장을 살펴보는 것 같은 친숙한 느낌이 든다.

은 바로 위치다. 야에카 홈 스토어는 관광객이 많이 가는 동네도, 숍들이 즐비한 번화가도 아닌 한적한 일반 주택가에 있어 찾아가기 어렵다. 간판도 안내판도 전혀 없어서, 미리 알아보고 위치를 검색해 찾아가지 않는 이상 그곳에 숍이 있는지도 알 길이 없다. '도대체 왜 이런 곳에 매장을 낸 거야?'라는 생각까지 든다. 하지만 초인종을 누르고 들어가면, 상냥한 직원의 미소와 함께 야에카의 세상이 열린다.

1층에는 야에카가 판매하는 제품이 아예 없다. 비치된 가구며 인테리어를 감상하고 있으면 직원이 차 한 잔과 쿠키를 내온다. 직원에게 설명을 요청하면, 1층 가구의 역사와 의미를 친절하게 알려준다.

▲평범한 가정집과 똑같은 야에카 홈 스토어의 외관. 간판이나 안내 문구가 전혀 없다.

2층으로 올라가면 비로소 야에카가 판매하는 의류 제품이 보인다. 하지만 여전히 판매 공간은 일부일 뿐, 집안 전체의 컨셉을 전해주는 앤티크 가구가 2층 곳곳에 놓여 주인공 역할을 한다.

▼부엌에 놓인 야에카의 식음료 제품들.

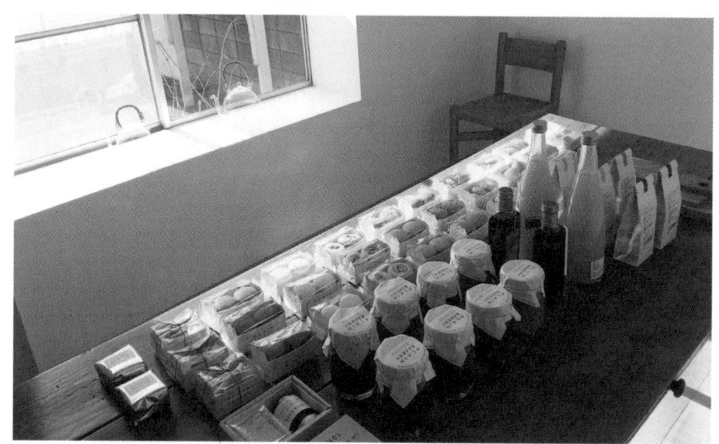

▲홈 스토어의 채광 좋은 거실에는 고급 앤티크 가구가 놓여 있다. 판매하는 제품이 아니기 때문에 편안하게 인테리어를 구경하면 된다. 1층 직원이 차와 쿠키를 대접하면서 가구의 역사와 의미를 설명해준다.

야에카가 처음부터 매장을 체험 공간 위주로 꾸민 것은 아니다. 첫 번째 직영점인 에비스점은 패션 아이템을 파는 일반적인 숍과 다르지 않다. 다양한 남성 및 여성 의류와 액세서리 등이 심플한 인테리어 아래에 예쁘게 놓여 있다. 제품을 판매한다는 목적에 충실한 매장이다.

왜 야에카는 에비스점과는 완전히 다른 매장을 연이어 만들었을까? 쇼핑 매장은 접근성이 좋아야 하기 때문에 임대료가 비싸고, 임대료를 감당할 수익을 내기 위해서라도 제품 판매에 주력할 수밖에 없다. 하지만 야에카는 제품이 아니라 브랜드 컨셉을 정교하게 전달할 수 있는 공간 역시 운영하고 싶었고, 그렇게 만들어진 것이 바로 아파트먼트 스토어와 홈 스토어다.

이들 두 매장은 접근성이 떨어지는 대신 임대료가 저렴하고, 브랜드 컨셉을 아낌없이 드러낼 수 있을 만큼 공간도 넓다. 야에카는 이런 장소를 골라 숍을 마련하고, 브랜드 컨셉을 충분히 느낄 수 있는 형태로 구성해 놓았다. 찾아가기는 어렵지만, 일단 도착하면 '야에카다움'이 무엇인지 미사여구로 치장하지 않아도 공간 전체에서 느낄 수 있다.

▼홈 스토어 2층에서는 옷을 판매한다. 하지만 판매 공간은 아주 작고, 집안 전체의 컨셉을 전달하는 앤티크 가구가 주를 이룬다.

야에카가 전하고자 하는 핵심 브랜드 컨셉은 '논리적인 심플함(logically simple)'이다. 야에카의 옷은 비싸고, 유행보다는 기본에 충실한 디자인을 따른다. 다양한 아이템으로 멋을 내고 싶은 사람들은 야에카와 맞지 않을지도 모른다. 하지만 야에카가 강조하는 본질은 불필요한 디테일이 아니라 '좋은 품질'이다. 일상에 자연스럽게 스며들 수 있고, 단순하고, 기본적이고, 그렇기 때문에 오래 입을수록 빛이 나는 옷이 바로 야에카가 만들고자 하는 제품이다. 홈 스토어와 아파트먼트 스토어는 공간 경험을 통해 야에카의 이러한 메시지를 전달한다. 이곳의 제품들은 화려하지 않지만 본질이 잘 드러나도록, 동시에 제품이 놓인 공간에 잘 스며들 수 있도록 배치되어 있다.

홈 스토어와 아파트먼트 스토어는 제품을 설명하기 위함이 아니라, 방문객에게 브랜드 컨셉을 어떻게 이해시킬지 철저히 고민한 결과다. 브랜드를 공고히 하려면 브랜드가 제안하는 생활방식을 소비자가 직접 볼 수 있어야 한다고 판단한 것이다. 홈 스토어와 아파트먼트 스토어는 '당신이 아파트에 살고 있다면 이런 삶을, 일반 주택에 산다면 또 이런 방식의 삶을 제안한다'고 말하고 공간을 통해 직접 체험하도록 하고 있다.

세상에서 가장 비싼 디지털 놀이터

야에카 홈 스토어처럼 임대료가 저렴한 매장은 브랜드 컨셉에만 집중할 수 있지만, 접근성 좋은 곳의 매장은 임대료 부담 때문에 매출을 떼어놓고 생각하기 힘들다. 그런데 여기 접근성도 좋고 면적도 넓은데 물건을 팔지 않는 곳이 있다. 2016년 2월 뉴욕에 문을 연 '삼성837'이 그 주인공이다.

▼뉴욕 맨해튼에 위치한 삼성837 매장. 땅값 비싼 자리에 있는 대형 매장인데도 물건을 거의 판매하지 않는다. (출처 : 삼성837 홈페이지)

삼성837은 뉴욕 맨해튼 번화가에 위치한 지상 6층, 1600평의 거대한 건물이다. 입지 조건만 봐도 매출이 엄청날 것 같지만, 이곳의 별명은 뜻밖에도 '어떠한 물건도 팔지 않는 매장(A store that doesn't sell anything)'이다. 물론 아예 살 수 없는 건 아니지만, 진열된 물건이 아주 적을뿐더러 직원들도 구매를 강요하지 않는다. 아니, 스토어를 열 때부터 삼성은 이곳이 물건 파는 리테일숍이 아님을 계속 강조해왔다.

그렇다면 삼성은 이 핫한 입지의 핫한 공간에서 무엇을 하려고 하는 것일까? 이곳은 한마디로 디지털 놀이터(digtal playground)다. 삼성에서 판매하는 여러 IT기기를 마음껏 사용해보고 놀다 갈 수 있는 곳으로, 디지털 기반의 다양한 체험공간이 있다. 먼저 '플레이룸'은 가족 친화적인 공간으로 아이와 함께 방문한 부모가 이용하기 좋다. 또 '스튜디오'는 안을 들여다볼 수 있는 큐빅 모양의 공간인데, DJ가 음악을 틀어주기도 하고 팟캐스트 프로그램도 진행되어 힙스터들에게 인기다.

커뮤니티를 위한 시도도 눈에 띈다. 삼성837은 직원을 고용할 때 기술과 문화에 대한 열정을 가장 중요한 요소로 꼽았는데, 한마디로 이 공간에서 방문객과 얼마나 열정적으로 즐겁게 놀아줄 수 있는지를 보았다. 뉴욕 커뮤니티 브랜드와 협업하기도 했다. 직원 유니폼은 뉴욕에서 만들어진 브랜드 '래그 앤 본(Rag & Bone)'이 디자인했으며, 브루클린에서 가장 유명한 푸드마켓 스모가버

그(Smorgasburg)는 삼성837만을 위한 독특한 메뉴를 선보였다.

경쟁사 애플을 벤치마킹했다는 느낌을 지우기는 어렵지만, 삼성837만의 차별화 포인트도 있다. 바로 SNS다. 매장에 방문해보면, '여기에서는 꼭 사진을 찍어서 SNS에 올려야겠다' 싶은 장소가 많다. 특히 55인치 스크린 96개가 촘촘히 들어차 있는 거대한 '디지털 벽'이 큰 인기다. 비치된 스마트폰으로 자신을 찍으면 거대한 벽에 자기 얼굴이 모자이크 형태로 쫙 펼쳐져, SNS 계정에 유행처럼 인증샷이 올라오기도 했다. 밀폐된 타원형 공간인 '소셜

▼음악을 틀어주거나 팟캐스트를 진행하는 '스튜디오'는 힙스터들을 위한 공간이다. (출처: 삼성837 홈페이지)

▲삼성은 팝업스토어 '갤럭시 스튜디오'에서도 갤럭시 스마트폰을 이용해 즐겁게 노는 경험을 주었다.

갤럭시'도 있다. 들어가기 전에 인스타그램을 인증하면 자신의 계정에 있는 이미지를 골라 천장, 바닥, 벽에 띄워준다.

이 놀이에는 숨겨진 핵심이 있다. 사진 찍고 SNS에 올리는 모든 활동에 스마트폰이 꼭 필요하다는 사실이다. 삼성837은 대여 서비스를 제공하거나, 인증샷이 필요한 곳마다 자사 스마트폰을 비치하는 등 '갤럭시 스마트폰을 사용하는 경험'을 주려고 노력했다. 삼성837에서 제공하는 스마트폰은 이벤트 장소나 기기 위치를 알려주는 가이드 역할도 하고, 찍은 사진을 고객의 메일로 보내주는 도구로도 쓰인다. 수동적으로 기다리지 않고 스스로 기회를 만들어 소비자에게 다가간 좋은 시도다.

삼성은 팝업스토어 '갤럭시 스튜디오'에서도 자사 스마트폰을 사용해보도록 유도하고 있다. 특히 도쿄의 스튜디오 체험존에는 갤럭시 휴대폰을 연결하여 사용하는 VR 놀이기구가 있는데, 소비자들은 직접 놀이기구를 타기도 하고 사진을 찍어 SNS에 올리면서 '갤럭시와 함께하는 즐거움'을 경험한다.

삼성837은 제품을 사용해볼 수 있는 기회를 적극적으로 제공하면서 '우리는 이런 즐거움을 줄 수 있다'라고 이야기한다. 지루하게 설명을 늘어놓거나, 기회는 오늘뿐이라며 구매를 강요하지 않으면서 말이다.

렉서스가 사람이라면 무엇을 먹고 마시고 즐길까?

문화공간의 치열한 격전지 도쿄에도 이와 유사한 매장이 있다. 삼성837처럼 노른자 땅에 자리 잡았지만 제품은 거의 판매하지 않는 곳이다. 다만 삼성837이 자사 제품을 사용하게 했다면 이곳은 의인화 작업으로 브랜드 스토리를 경험하게 했다는 차이가 있다. '미드타운 히비야'의 렉서스 매장 이야기다.

미드타운 히비야는 도쿄 지요다구에 문을 연 복합 쇼핑몰이다. 이곳은 독특하고 개성 넘치는 공간으로 개장 당일에만 방문객 10만 명을 기록하며 눈길을 끌었다. 특히 1층 입구 가장 눈에 띄는 곳에 위치한 '렉서스, 히비야를 만나다(Lexus Meets Hibiya)'는 자동차 없는 자동차 매장으로 유명세를 탔다. 땅값 비싸기로 유명한 긴자 인근, 도쿄에서 가장 핫한 쇼핑몰인데도 말이다.

렉서스 히비야는 '렉서스가 사람이라면 아마 이럴 것이다'를 이야기하는 데 주력했다. 이를 브랜드 의인화 작업이라 하는데, '이 사람(브랜드)은 나와 비슷하다', '이 사람의 라이프스타일은 나에게 어울린다'는 호감을 이끌어낼 수 있다. 자수성가한 사람들이

▼렉서스의 대표 디자인 '스핀들 그릴.' 첫 번째 공간 '스핀들'에는 렉서스 자동차가 없는 대신 이 디자인이 공간에 자연스럽게 녹아 있다.

벤츠보다 BMW를 선호하는 것처럼, 소비자는 자신과 성향이 유사한 브랜드를 선택하기 때문이다.

렉서스 히비야 매장에는 '스핀들(The Spindle)', '스티어 앤 링(Steer and Ring)', '터치 앤 드라이브(Touch and Drive)' 등 3개의 공간이 있다. 스핀들에서는 음식을 판매한다. 캐주얼한 분위기에서 유기농 재료로 만든 음식과 음료를 즐길 수 있다. 음식이 메인인 만큼 자동차는 두드러지지 않고, 렉서스의 대표 디자인인 스핀들 그릴(Spindle Grille)만 간간이 보인다. 이마저도 의자나 조명 등에 자연스럽게 녹아들도록 했다.

▼스핀들에서는 유기농 재료로 만든 다양한 음식과 음료를 맛볼 수 있다.

두 번째 공간 '스티어 앤 링'에서는 드디어 렉서스 차량 두 대를 볼 수 있다. 하지만 이 공간 역시 주인공은 자동차가 아니다. 렉서스가 공들여 선택한 향수, 시계, 구두 등 패션 브랜드와 유명 생활 잡화 브

▲'스티어 앤 링'에서는 렉서스가 제안하는 라이프스타일에 잘 어울리는 유명 패션 브랜드, 생활 잡화 브랜드가 주를 이룬다.

랜드가 주를 이루는데, 모두 렉서스가 제안하는 라이프스타일에 잘 어울리는 브랜드다. 한쪽에는 일본 장인과의 콜라보 제품도 있다.

세 번째 '터치 앤 드라이브'는 마지막 한 방이다. 앞의 공간에서 '렉서스는 이런 사람이다'를 이야기하며 소비자를 설득했다면, 이제는 설득된 소비자를 자리에 앉히고 정보를 제공할 차례다.

터치 앤 드라이브의 편안한 소파 앞에는 터치스크린이 설치된 테이블과 대형 스크린이 있다. 이곳에서 렉서스 차량 정보를 확인하거나 내·외부를 취향에 맞게 디자인해볼 수 있고, 스토리 영상을 시청하기도 한다. 보는 것만으로는 부족하다면 벽에 걸린 VR 기기도 있다. 기기를 머리에 쓰고 컨트롤러를 들면 실제 렉서스 차량을 운전하는 듯한 3D 드라이빙 체험을 할 수 있다. 물론 진짜 차량을 타보는 시운전도 가능하다. 터치스크린으로 직접 신청하거나 데스크 직원에게 예약하면 된다.

▼'터치 앤 드라이브'에서는 차량 정보를 찾아보거나 내·외부를 취향에 맞게 디자인해볼 수 있다. 터치스크린으로 시운전 예약 신청도 가능하다.

▲3D 드라이빙 체험을 위한 VR기기. 이 기기를 머리에 쓰고 컨트롤러를 손에 들면 된다.

터치 앤 드라이브와 일반 자동차 판매점의 가장 큰 차이는 바로 브로셔나 사용설명서가 없다는 점이다. 데스크에는 렉서스의 전통을 상징하는 렉서스 올드카 미니어처만 앙증맞게 올라가 있다. 판매가 아닌 경험에 방점을 찍겠다는 의도가 여기에서도 엿보인다.

공간이 아무리 멋져도 판매만 줄기차게 이야기한다면 소비자 스스로 브랜드를 음미할 여유가 없고 애착을 형성하기도 어려워진다. 때문에 렉서스는 제품을 팔려고 하기보다는 브랜드 스토리를 전달한 후 마지막에 적절한 정보를 제공하면서 자연스럽게 호기심을 갖도록 했다. 소비자가 원하는 라이프스타일을 보여줘야만 벤츠, BMW 등과 경쟁할 수 있다는 사실을 알기에 나온 전략이다.

벤츠도 오프라인 매장을 색다르게 활용해보려고 시도했다. 도쿄의 '메르세데스 미(Mercedes Me)'가 그 결과물이다. 하지만 진열된 물건에 모두 벤츠 마크가 새겨져 있어 단순히 벤츠 액세서리를 판다는 느낌이 강하고 고객경험과는 거리가 멀다. 차량 브로셔도 곳곳에 놓여 있어 차량을 파는 매장과 크게 다르지 않아 보인다. 공간은 만들어 놓았지만 그곳이 왜 필요한지, '벤츠는 어떤 브랜드인지'에 대한 이야기가 명확하지 않다.

매장에 카페를 만든다고 해서 소비자가 저절로 브랜드를 좋아하게 되지는 않는다. 편안하고 재미있는 공간에서 함께 브랜드를

▼벤츠도 공간 경험을 위해 '메르세데스 미' 매장을 만들었다. 하지만 벤츠 로고가 박힌 액세서리만 있을 뿐, '벤츠가 어떤 브랜드인지'에 대한 메시지가 없다.

이야기할 수 있어야 한다. 렉서스 미드타운 히비야 매장이 잘 보여주었듯이 말이다.

우리 제품이 아닌 것들로 우리를 드러낸다

젠틀몬스터, 야에카, 삼성 그리고 렉서스까지, 소비자를 끌어들이기 위한 독특한 매장은 앞으로도 계속해서 생겨날 전망이다. 이는 오프라인 공간이 제품을 판매해야 한다는 강박에서 벗어났다는 방증이기도 하다. 제품이 아니라면 무엇으로 공간을 채워야 할까? 렉서스 히비야 매장과 삼성837에는 무엇이 있는가? 바로 브랜드 스토리다. 과거 스토리는 제품을 판매하기 위한 것이었지만, 지금은 제품을 넘어 브랜드 핵심을 알려야 한다. 자사의 제품이 아닌 것들로 공간을 채워 브랜드를 드러내는 또 한 가지 사례로 뉴발란스 카페의 브랜드 스토리를 보자.

한국에 가로수길이 있다면 도쿄에는 하라주쿠가 있다. 하라주쿠는 나이키를 비롯한 다양한 브랜드가 독특한 숍으로 고객을 유혹하는 '운동화의 격전지'로, 뉴발란스도 한창 치열한 싸움을 벌이는 중이다. 단, 방법이 경쟁자들과 조금 다르다.

뉴발란스 하라주쿠 지점은 체험형 매장이다. 1층부터 3층까지

▲뉴발란스 카페 안내판. 런치 세트, 사이드 메뉴, 음료 등 간단한 안내가 적혀 있다. 캐주얼한 건강식과 유기농 음료를 판매하는데, 식단은 유명 셰프와의 콜라보로 만들었다.

곳곳에 운동기구가 있어서 운동화를 신고 트레드밀을 뛰어보는 등 제품을 직접 체험할 수 있다. 하지만 가장 주목할 곳은 4층에 있는 뉴발란스 카페다. 이곳에서는 캐주얼한 건강식과 유기농 음료를 판매하는데, 모두 유명 셰프와의 콜라보로 만든 식단이다. 공중에는 휴대폰 충전잭이 매달려 있다. 테이블에 소켓을 연결한 방식이 아니라, 천장에서 내려오는 오브제 형태로 만들어 디자인적인 재미를 주었다. 뉴발란스 운동화가 곳곳에 자연스럽게 놓여 있음은 물론이다.

뉴발란스 카페를 방문해 보면, 이 공간이 전하고자 하는 스토리와 경험이 무엇인지 자연스럽게 느낄 수 있다. 학교 운동장에서 친구들과 즐겁게 운동하다 스탠드에 앉아 쉬었던 때처럼, 매장에서 체험형 기구로 운동하고 카페에 들러 맛있는 건강식과 함께 휴식을 즐긴다.

▼바닥에는 트랙을, 창가에는 스탠드를 설치해 운동장 느낌이 나도록 꾸몄다.

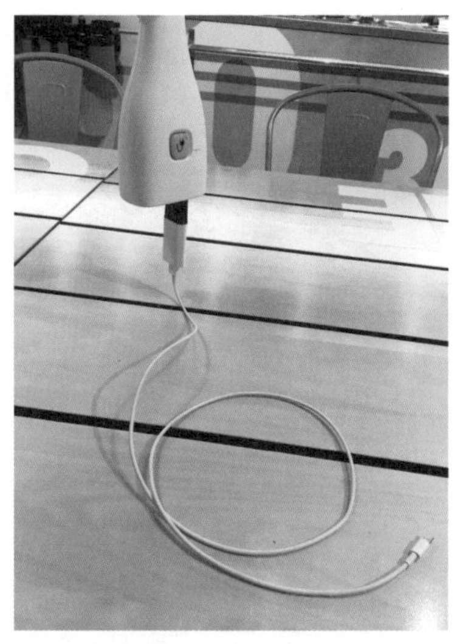

▲공중에 매달아 놓은 휴대폰 충전 잭. 방문객에게 재미를 주기 위한 디자인이다.

카페에 설치된 스탠드, 운동장 라인은 누구나 갖고 있을 법한 이런 추억을 이끌어내려는 장치다. 무료 와이파이와 휴대폰 충전은 덤이다.

제품에 초점을 맞춘 공간에서는 팔기 위해 보여주는 경험만 하게 될 뿐이다. 이제는 우리 제품이나 서비스가 전하고 싶은 브랜드 컨셉과 차별화 포인트를 고민하고, 소비자에게 체험을 통해 전달할 수 있도록 공간을 구성해야 한다. 소비자들이 운동화와 운동복을 구매하는 이유는 뭘까? 단순히 성능이 좋고 예뻐서가 아니라 '건강한 삶'을 살고 싶기 때문이다. 이 지점에 집중한 뉴발란스는 카페를 만들고 뉴발란스와 함께하는 라이프스타일을 제안하면서 브랜드 스토리를 체험할 수 있도록 했다. 그 결과 소비자 스스로 공간과 브랜드에 대해 이야기하게 되었음은 물론이다.

이탈리아 프리미엄 청바지 브랜드 디젤(Diesel)은 도쿄 시부야에서 '글로리어스 체인 카페(Glorious Chain Café)'를 운영한다. 고

▼글로리어스 체인 카페는 디젤의 파격적인 이미지와 잘 어울리는 캐주얼 다이닝이다.

정관념을 파괴하는 광고로 유명한 디젤은 커피나 디저트보다는 와인과 스낵을 파는 자유로운 분위기의 주점이 브랜드 이미지에 어울린다고 판단했다.

디젤 홈페이지에서는 글로리어스 체인 카페에 대해, 오감을 자극하는 식당을 통해 브랜드 세계관을 직접 전달하고자 카페를 열었다고 설명하고 있다. 디젤은 청바지 브랜드에만 머무르려 하지 않는다. 고객의 삶에 영감을 주는 브랜드, 라이프스타일 전반에 걸친 제품을 판매하는 브랜드가 되고 싶어 한다. 디젤의 이런 야심이 글로리어스 체인 카페에 고스란히 담겨 있다.

디젤의 또 다른 야심작은 바로 아트 갤러리다. 디젤은 제품을 판매하는 매장 지하에 갤러리를 따로 만들어 운영하고 있다. 온라인이 줄 수 없는 특별한 경험을 선사해 소비자들을 오프라인 매장으로 끌어들이기 위해서다.

▼음식에 들어가는 오일, 주점에서 판매하는 와인 등은 디젤이 운영하는 이탈리아 농장에서 가져온다.

더러는 브랜드 스토리를 효과적으로 드러낼 아이디어가 있어도 실현하지 못할 때가 있다. 돈 때문이다. 새로운 공

▼디젤은 매장 1층에 글로리어스 체인 카페, 지하 1층에 갤러리를 열어 방문객에게 계속해서 새로운 경험을 제공하고자 했다.

간을 계속 만들고 매장 인테리어를 그때그때 바꾸려면 돈이 너무 많이 든다. 기업들은 궁리 끝에 매장 일부 공간을 소비자 경험을 위해 사용하되, 외부 아티스트들을 불러모아 브랜드를 이야기하기 시작했다.

디젤뿐 아니라 무지, 빔스(Beams) 등의 브랜드들도 최근 앞 다투어 매장 내 아트 갤러리를 선보이고 있다. 무지의 브랜드 철학은 '삶에서 물건을 더하는 것이 아니라 빼는 것이 중요하다'이다. 군더더기 없이 심플한 디자인을 고집하는 것도 동일한 이유인데, 전시 공간에서도 이러한 가치가 그대로 드러난다. 2012년 3월 문을 연 '아틀리에 무지'에서는 무지의 정신을 전달할 수 있는 아티스트들과 협력하여 작품을 진열하고 있다. 유라쿠초 매장에서 한창 쇼핑하다 잠시 쉬고 싶은 순간, 방문자들을 반갑게 맞이하는 공간이 바로 이 아틀리에 무지다. 일본의 라이프스타일 브랜드 빔스 또한 신주쿠 매장 내부에 'B 갤러리'라는 공간을 만들어 다양한 아티스트 혹은 인플루언서와 협업을 진행했다.

매장에 방문하는 소비자에게는 제품을 넘어 다양한 경험을 끊임없이 변주해서 전해주어야 살아남을 수 있다. 소비자가 점점 더 경험의 가치를 중요시하고 있는데 매장 인테리어나 상품 진열만 바꾸어서는 변화를 따라잡을 수 없다. 내부 자원만으로는 시시각각 변하는 소비자의 요구를 맞추는 것도 역부족이다. 이제 외부의 힘을 빌려야 할 때다. 우리 브랜드가 소비자에게 주고자 하는 브

▼군더더기 없이 심플한 '아틀리에 무지.' 아티스트와의 콜라보 작품을 통해 무지의 가치관과 브랜드 스토리를 전달한다.

▼일본의 라이프스타일 브랜드 빔스는 신주쿠 매장에 'B 갤러리'를 만들었다. 다양한 아티스트 및 인플루언서와의 협업으로 빔스의 색깔을 드러내고 있다.

랜드 컨셉을 전달할 수 있도록 외부 아티스트를 발굴하고, 이들과 협업해 다양한 기획을 하고 매장 내부에 전시함으로써 방문자에게 색다른 경험을 주는 것. 최근 많은 브랜드숍에서 공들이는 작업이다.

보이지 않았던 스토리를 이야기하다

공간이 다양해지면서 보다 정교하고 직접적인 체험을 원하는 소비자가 늘어나고 있다. 제품을 보기만 하는 것이 아니라 내부 구성이 어떤지, 어떻게 만들어졌는지 궁금해하게 된 것이다.

이에 따라 최근 더욱 각광받기 시작한 것이 바로 성분 브랜딩(ingredient branding) 전략이다. 부품이나 소재, 성분 등의 구성요소를 브랜드화해서 마케팅에 적극적으로 활용하는 전략을 말하는데, 2007년 영국 〈인디펜던트〉 지가 선정한 '세계를 변화시킨 101가지 발명품'에 뽑힌 기능성 소재 고어텍스가 대표적이다. 아웃도어 의류 매장에 가면 으레 판매원들이 '이 옷은 고어텍스를 원단으로 사용했습니다'라고 말한다. 고어텍스가 무엇인지, 성능이 어떤지 소비자들도 잘 알고 있기 때문에 이 한마디면 제품 가격과 기능에 대한 설득이 끝난다. 각종 DVD, PC, 게임기 브랜드가 '우리 제품은 돌비 시스템을 적용했습니다'라고 소개하는 것도 같은 이유다.

이 전략이 제대로 먹힌다면 구성요소 납품업체와 완제품 판매회사 모두에게 이득이다. 특히 완제품을 판매하는 입장에서는 제품 구성요소가 뛰어나다는 사실을 알리기 쉬워 경쟁에서 유리한 고지를 선점할 수 있다.

디지털 시대에 성분 브랜딩 전략이 주목받는 이유는 무엇일까? 이전에는 부품을 알리고 브랜딩하는 데 시간이 오래 걸렸다. 아무리 좋은 소재라도 소비자가 모르고 있다면 소용없기 때문이다. 하지만 인터넷이 연결된 스마트폰은 이 문제를 한 번에 날려버렸다.

▼놋토 부품을 설명해주는 코너. 구성품마다 진열대를 하나씩 따로 마련해놓았다.

매장 직원이 '이 신발 밑창 솔에는 비브람(Vibram) 제품을 사용했습니다'라고 이야기하는데, 정작 고객이 비브람이 뭔지 모른다면? 예전에는 추가 설명이 필요했겠지만 지금은 고객의 손 안에 있는 휴대폰이 모든 궁금증을 해결해준다. 디지털이 성분 브랜딩 전략에 날개를 달아준 셈이다. 이에 발맞춰 브랜드의 기초인 부품, 구성품을 직접 보고 만질 수 있는 '투명한' 공간이 나타나기 시작했다.

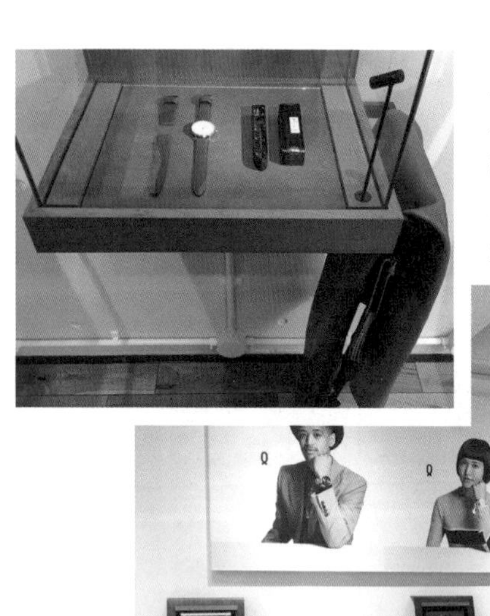

◀놋토의 시계줄이 어느 가죽 공방에서 온 것인지 설명하고, 해당 공방의 대표 제품을 직접 볼 수 있도록 했다. 오른쪽에는 소비자가 직접 만져볼 수 있게 공방의 가죽을 걸어두었다.

▼정보가 더 필요한 소비자는 매장에 설치된 스마트 기기를 사용해 마음껏 검색해볼 수 있다.

도쿄 오모테산도에 위치한 프리미엄 시계 브랜드 놋토 매장을 보자. 놋토는 '당신만을 위해 존재하는, 세상에서 하나뿐인 시계를 만들어드립니다'라는 컨셉 하에 온오프라인에서 고객이 원하는 대로 커스텀한 시계를 만들어준다.

한 가지 재미있는 사실은, 놋토가 제공하는 소비자 경험이 시계가 아니라 시계의 구성품이라는 것이다. 매장은 제품과 함께 각 소재와 부품의 진열대를 따로 마련해 놓았는데, 진열대마다 일본 유명 장인이 운영하는 공방이나 브랜드에서 만들었다는 설명이 붙어 있다.

시계줄 진열대를 보자. 놋토는 이 시계줄을 어떤 가죽 공방에서 만들었는지 상세히 설명하고 공방의 대표 가죽제품을 함께 전시했다. 이 공방에서 만든 가죽도 걸려 있어 직접 만져보는 체험이 가능하다. 또한 매장 곳곳에 스마트 기기를 설치해 언제든 더 많은 정보를 검색해볼 수 있게 했다.

아웃도어 슈즈 브랜드 킨(Keen)도 제품 이면의 지점을 공략했다. 킨의 대표 제품은 유니크 샌들인데, 두 개의 끈과 하나의 창으로만 이루어져 있다. 킨은 이 독특한 신발이 어떻게 만들어지는지 직접 보여주고 체험하게 한다면 브랜드 이미지를 향상시킬 수 있다고 보고, 전 세계 편집숍에 '세상에서 가장 작은 신발 공장(The world smallest shoe factory)' 팝업스토어를 열었다. 이 신발공장에

▲'세상에서 가장 작은 신발 공장'에서는 유니크가 어떤 재료로 어떻게 만들어지는지 보여준다.

서는 샌들에 쓰인 끈을 직접 보고 만질 수 있도록 전시해, '이 재료로 정직하게 만들어진 좋은 신발입니다'라는 메시지를 전한다.

앞으로 많은 기업들이 놋토나 킨이 했던 것처럼, 우리 브랜드가 어떤 소재와 공정을 통해 만들어지는지 체험할 수 있는 공간을 매장 안에 만들어갈 것으로 보인다. 이렇게 소재를 드러내고 제조과정을 공개함으로써 기업은 무엇을 얻게 될까? 바로 진정성이다.

소비자가 알지 못했던 부분을 감추지 않고 투명하게 보여주면서 함께 이야기하고 체험할 수 있다면, 소비자는 자연스럽게 해당

▲유니크 제품에 쓰인 끈을 진열해놓은 곳. 안쪽에서는 직원들이 유니크를 손질하고 있다.

브랜드를 투명한 브랜드, 그리고 진정성 있는 브랜드라고 생각할 가능성이 높다. 갈수록 경쟁이 치열해지는 이 시점에, 소비자가 쉽게 읽어낼 수 있는 특성보다 제품 이면의 부품과 소재를 알리는 공간이 생겨날 수밖에 없는 이유다.

브랜드의 DNA를 체험하게 하라

삼성은 맨해튼의 가장 비싼 땅에 매장을 만들었지만 그곳에서 제품을 팔지 않는다. 대신 즐겁게 제품을 가지고 놀게 하고 그 경험을 인스타그램에 올리게 한다. 야에카는 아무도 가지 않을 것 같은 외진 곳에 스토어를 연다. 어렵게 찾아가야 하지만, 그만큼 야에카의 색깔이 뚜렷한 공간에서 따뜻한 환대를 받을 수 있다. 뉴발란스는 소비자에게 건강한 라이프스타일을 제공하고자 한다. 좋은 신발과 운동복을 판매하는 데 그치지 않고, 카페에서 좋은 식단을 제공하면서 건강한 삶을 함께 이야기한다. 무지와 빔스는 아틀리에를 만들고 다양한 아티스트와의 협업을 선보인다. 모두 브랜드 스토리를 체험하게 하려는 노력이다.

공간 마케팅을 '있어 보이는 배경'이라 여겼던 시대가 있었다. 유명 건축가나 인테리어 회사를 고용해 멋진 배경을 만들고, 그 안에 제품을 있어 보이게 채워 넣는 것을 공간 마케팅이라고 부르기도 했다. 하지만 디지털은 이 모든 공간의 개념을 변화시키고 있다. 오프라인 공간은 스스로 독립적인 목적을 갖고 움직일 수 있는 여유가 생겼고, 디지털은 공간에 새로운 숨결을 불어넣고 있다.

이제 소비자는 제품만을 보기 위한 공간에 매력을 느끼지 못한다. 공간은 고객에게 흥미로운 경험을 주는 장소여야 하고, 그 경험 속에 브랜드의 DNA가 자연스럽게 녹아 있어야 한다. 그리고 해당 경험이 소비자의 마음에만 머무는 것이 아니라, 휴대폰과 SNS 플랫폼으로 옮겨갈 수 있도록 자극하는 공간 전략이 필요하다.

이를 위해서는 가장 먼저 온라인과 오프라인을 적대적인 경쟁자로 보는 시각부터 버려야 한다. 소비자는 온라인과 오프라인 중 한쪽 채널만 이용하지 않는다. 오프라인 숍에서 스마트폰으로 온라인 쇼핑을 하고, 온라인에 익숙해져 있으면서도 오프라인 숍을 찾아가 경험을 만끽한다. 한쪽만 잘해서는 소비자의 속도에 맞출 수 없다는 뜻이다. 기업들이 고객경험을 위해 어떻게 온오프라인을 연결하고 있는지 관찰한다면, 두 채널이 경쟁관계가 아닌 공생관계라는 사실을 알 수 있을 것이다. 5장에서 본격적으로 살펴보자.

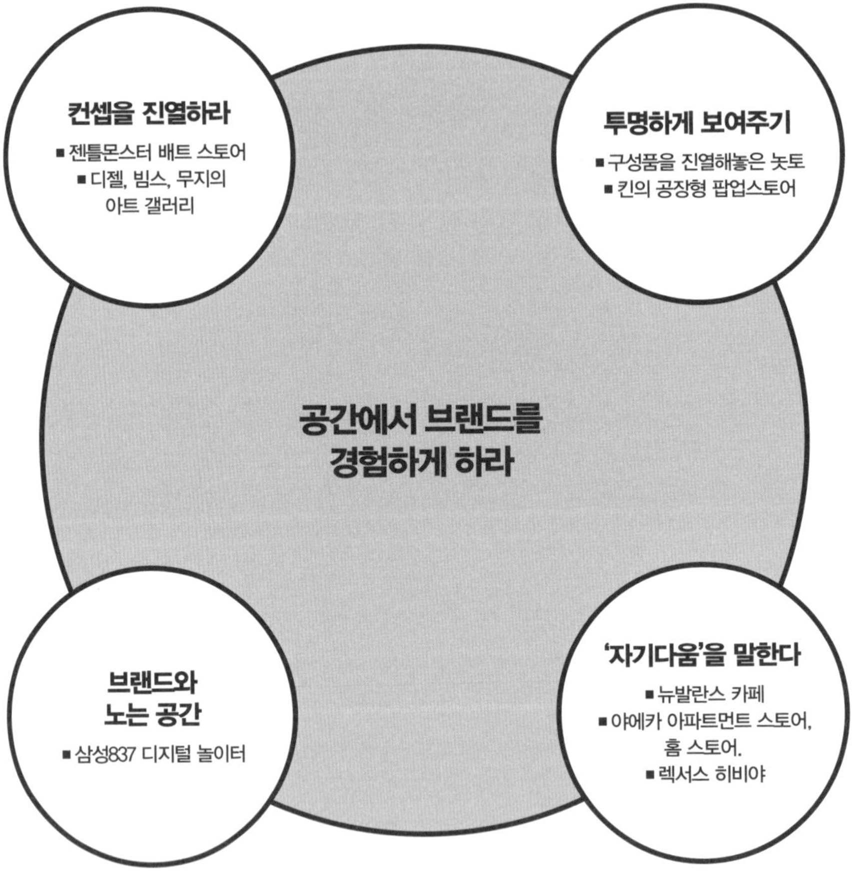

공간에서 브랜드를 경험하게 하라

컨셉을 진열하라

■ 젠틀몬스터 배트 스토어
■ 디젤, 빔스, 무지의 아트 갤러리

투명하게 보여주기

■ 구성품을 진열해놓은 놋토
■ 킨의 공장형 팝업스토어

브랜드와 노는 공간

■ 삼성837 디지털 놀이터

'자기다움'을 말한다

■ 뉴발란스 카페
■ 야에카 아파트먼트 스토어, 홈 스토어.
■ 렉서스 히비야

공간을 통해 브랜드 컨셉과 만나게 하라.

판매하는 공간뿐 아니라
브랜드 스토리, 브랜드 컨셉을
직접 경험할 수 있는
공간을 설계하라.

CHAPTER 5

온라인과 오프라인을 연결해 고객경험을 설계하라

'아마존 되다'를 피하는 법

'구글 잇(Google it).' 미국에서 '검색하세요(search for something)'를 대체해버린 표현이다. 브랜드명이 동사가 된 긍정적인 사례라 하겠다. 하지만 아마존의 경우는 어떨까? 블룸버그 통신에 의하면 '아마존 되다(to be Amazoned)'는 '파산하다(to be bankrupted)'라는 의미로 쓰이고 있다. 이는 아마존이 특정 분야에 진출하기만 하면 그 분야 기업들이 줄줄이 파산해버린 데서 유래했다.

거대 공룡 아마존은 책, 전자제품, 자동차 부품, 슈퍼마켓 등의 분야에서 수많은 기업을 도산시켰다. 특히 빠르고 효과적인 배송과 최저가 시스템은 오프라인 시장을 무너뜨리기에 충분했는데, 전 세계 20여 개국에 2000개가 넘는 매장을 보유하던 토이저러스(Toys'R'Us)가 무너지면서 아마존에 당한 대표적 사례로 남고 말았다. 미국 언론들이 매일 '누가 다음 아마존의 먹잇감이 될 것인가(who's next to be Amazoned?)'를 이야기하는 것도 무리가 아니다.

전문가들은 오프라인만이 줄 수 있는 독특한 고객경험을 제공해야 살아남을 수 있다고 말한다. 물론 오감이 강조되는 제품군은 오프라인만이 줄 수 있는 확실한 고객경험이 있다. 예를 들어 향수는 오프라인에서는 향을 맡아보고 살 수 있지만 온라인에서는 이 같은 경험이 불가능하다. 손에 닿는 느낌이 중요한 제품도 오프라인이 온라인보다 유리하다.

나아가 오감을 자극하지 않음에도 오프라인의 경험이 중요한 제품이 있다. 가령 책은 냄새도, 감촉도 내용을 파악하는 데 큰 영향을 미치지 않지만, 많은 독자들은 여전히 종이책을 한 장 한 장 넘기는 느낌이 좋아서 오프라인 서점에 간다.

그렇다면 오프라인에서 경험을 열심히 준다면 온라인 공룡의 먹잇감이 되지 않을 수 있을까? 안타깝게도 그렇지 않다. 토이저러스는 대형 장난감과 다양한 놀이기구를 비치해 매장을 체험형으로 바꾸었지만, 결론적으로 이 시도는 완전히 실패했다. 고객들이 매장에 방문하기는 했지만, 아이들에게 장난감을 갖고 놀아보게 한 후 마음에 드는 제품은 온라인 숍에서 구매했기 때문이다. 경험이 매출로 이어지지 않자, 토이저러스는 적자를 이기지 못하고 파산을 선언하기에 이르렀다.

하나만 잘하는 리테일숍의 종말

토이저러스 사례는 오프라인 숍에 큰 숙제를 던졌다. 온라인과 오프라인 양 채널에서 모두 소비자를 잡아둘 수 있어야 한다는 숙제다. 이제 생존을 위해서는 경험을 제공하는 오프라인 매장과 이를 뒷받침해주는 온라인 플랫폼이 모두 필요해졌다. 온라인과 오프라인 둘 중 하나만 잘해서는 살아남을 수 없다는 이야기다. 2016년 1월 리테일 전문 컨설팅 업체 L2는 〈하나만 잘하는 리테일숍의 종말(Death of Pureplay Retail)〉이라는 리포트를 발표하고, 아마존과 같은 대형 온라인 유통마켓에 대항해 살아남기 위해서는 독특한 체험을 제공하는 오프라인 매장뿐 아니라 이를 뒷받침해주는 온라인 플랫폼도 유지해야 한다고 말했다.

남성용 맞춤옷 서비스인 보노보스(Bonobos)는 온라인과 오프라인 두 마리 토끼를 잡으면서 아마존의 공세를 성공적으로 버텨낸 기업이다. 온라인에서 서비스를 제공하던 보노보스는 2012년 '가이드 숍'이라는 오프라인 매장을 냈다. 옷을 팔지는 않지만, 이름처럼 고객에게 어떤 옷이 잘 맞는지 제안해주는 곳이다. 100% 사전 예약제로 운영되며 직원들이 1대 1 상담을 진행하는데, 체형에 어울리는 옷뿐 아니라 구매 데이터를 분석해 고객이 선호하는 스타일의 옷을 보여주기도 한다. '나만을 위한 최적의 경험'이다.

가이드 숍에서 상담을 받으면 보노보스 온라인 숍을 더욱 편하게 이용할 수 있다. 나의 스타일과 체형 데이터가 온라인 매장에 자동으로 등록되어 옷을 고를 때 치수 고민을 할 필요가 없기 때문이다. 보노보스는 매장 경험과 온라인 구매를 연결한 이 시스템을 활용해 큰 호응을 얻었으며, 충성도 높은 고객들을 확보해 아마존과의 경쟁에서도 살아남을 수 있었다. 보노보스는 2017년 6월 월마트에 3억 달러(약 3500억 원)에 인수되면서 성공적인 이커머스 사례로 남았다.

보노보스가 온라인을 기반으로 브랜드를 운영하다 독특한 경험을 제공하는 오프라인 매장을 열어 충성도 높은 팬을 만들어냈다면, 그 반대의 전략으로 아마존의 공세를 버텨낸 기업이 바로 얼타 뷰티(Ulta Beauty)다. 얼타 뷰티는 미국에만 1000개가 넘는 오프라인 매장을 운영하고 있는 전문 화장품 쇼핑몰이다. 온라인 화장품 몰과 차별화하기 위해 취한 얼타 뷰티의 초기 전략은 '올 인 원 플레이스(all in one place)'다. 얼타 뷰티는 화장품을 구매하는 이유가 다름아닌 '예뻐지기 위해서'라는 데 주목해 올 인 원 플레이스를 통해 구매한 화장품을 발라보는 것은 물론, 헤어 세팅부터 눈썹관리에 이르는 토털 뷰티 서비스를 누릴 수 있게 했다. 판매에서 그치지 않고 경험까지 나아간 것이다.

이와 동시에 체험만 해보고 구매는 다른 곳에서 하는 폐단을 막기 위해 온라인 플랫폼에도 공을 들였다. 올 인 원 플레이스 예약을 얼타 뷰티 홈페이지에서 하게 했으며, 유행하는 헤어스타일 정

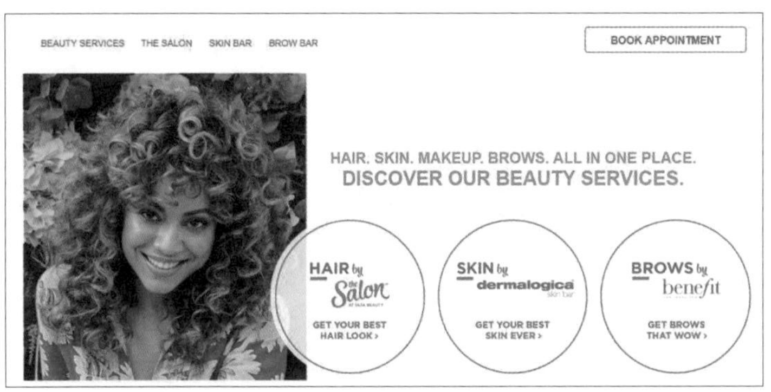

▲얼타 뷰티는 오프라인 매장에서 '올 인 원 플레이스' 체험 서비스를 제공한다. 예약은 얼타 뷰티 홈페이지에서 할 수 있다.(출처: 얼타 뷰티 홈페이지)

보 등 전문지식도 제공해 이목을 끌었다. 어플리케이션에서는 가상 메이크오버(virtual makeover) 서비스를 제공하는데, 얼굴 사진을 올리면 내가 선택한 색조화장품을 이용해 가상으로 화장을 해 볼 수 있다. 온라인이지만 자기 얼굴형과 피부색에 어울리는 화장품을 찾는 데 어려움이 없다.

▼얼타 뷰티 어플리케이션에 사진을 올리면 내가 선택한 메이크업 제품으로 가상 화장이 가능하다.(출처: 얼타 뷰티 홈페이지)

'아마존 되'지 않기 위해서는 온라인과 오프라인 매장 모두를 활용하고 둘을 연결시켜야 한

다. 어느 채널에서건 소비자를 맞이할 준비가 되어 있어야만 토이저러스처럼 엉뚱한 곳에 고객을 빼앗기지 않는다. 니즈에 맞는 서비스를 제공해 브랜드의 팬을 늘리는 활동도 필요하다.

국내에서도 오프라인 공간을 적극적으로 활용한 사례가 있다. 팝업 편집숍 '러블리 마켓'이다. 특히 2018년 2월 서울 어반앨리스에서 열린 러블리 마켓은 이른 아침부터 입장 대기줄이 늘어설 정도로 폭발적인 인기를 끌었고, 이틀 동안 2만 명 이상의 방문객이 다녀갔다. 그 후 두 달에 한 번씩 정기적으로 개최되며, 대구 등 서울 외 지역에서도 열리고 있다.

러블리 마켓의 가장 큰 강점은 할인율이다. 10~20대 고객의 눈길을 사로잡는 인기 브랜드만 모여 있는데, 할인율이 적게는 30%에서 많게는 50%에 이른다. 이 브랜드들은 왜 할인가를 감수하면서까지 오프라인 숍에서 제품을 판매하려는 것일까? 답은 오프라인 경험에 있다. 온라인에서 주로 판매하던 제품을 소비

▼러블리 마켓은 온라인에서 주로 판매하던 제품을 소비자가 직접 보게 해줄 뿐 아니라, 주위 즐길거리도 소개해 큰 인기를 끌었다.(출처: 러블리 마켓 홈페이지)

자가 직접 볼 수 있기 때문이다.

이들이 제공하는 경험은 제품에서 끝나지 않는다. 모바일 입장 시스템을 보자. 러블리 마켓은 선착순으로 줄을 서지 않아도 본인이 시간을 선택해 입장할 수 있다. 덕분에 고객은 지루하게 줄을 서고 시간에 쫓겨 쇼핑하는 것이 아니라, 입장 시간 전까지 여유롭게 마켓 주위 즐길거리를 둘러볼 수 있다. 이들을 위해 러블리 마켓은 마켓 근처 데이트 코스, 맛집, 사진 찍기 좋은 곳 등을 온라인에서 미리 알려주는데, 단순히 추가 정보를 제공하는 수준이 아니라 마켓 장소를 고를 때부터 주변 환경을 꼼꼼하게 고려해 소비자 경험과 마켓을 자연스럽게 연결할 수 있도록 한다. 마켓 안에서도 이벤트가 이어진다. 버스킹 팀의 공연을 즐길 수도 있고, 옷 잘 입는다고 소문난 인플루언서와의 미팅 자리도 마련되어 있다.

실전행사 못지않게 중요한 것이 팬들과의 온라인 소통이다. 페이스북에서 주로 활동하는 러블리 마켓은 마니아층인 '러마 커뮤니티', '러덕(러블리 마켓 덕후)'을 모니터링해 요즘 좋아하는 브랜드는 무엇인지, 최근 관심 있는 아이템은 무엇인지 알아보고 다음 마켓에 반영한다.

온라인상에서 가장 핫한 브랜드들의 핫한 아이템을 직접 볼 수 있고 다채로운 체험도 할 수 있는 곳, 러블리 마켓이 '반드시 가봐야 하는 곳'이 된 비결이다. 아마존과 같은 거대 온라인 유통업체에 대항하고 싶다면 러블리 마켓의 성공에서 해답을 찾아야 할지도 모른다. 모이는 목적뿐 아니라 장소 자체에 매력을 느끼게 하는 것 말이다.

치과 같은 은행을 스타벅스처럼 만들려면?

수업을 진행하던 중 학생들에게 '은행을 한 단어로 표현하자면?'이라는 질문을 던진 적이 있다. 강의실은 순간 정적에 휩싸였다. 머뭇머뭇 몇 마디가 나오긴 했지만 그것도 '최근에는 은행에 가보지 않아서 잘 모르겠다', '치과 같은 곳'이라는 부정적인 답변뿐이었다.

10~20대를 주축으로 한 새로운 소비자들은 더 이상 오프라인 은행 점포를 찾지 않는다. 물론 앱이 편리해서이기도 하지만, 가장 큰 이유는 은행이라는 장소에 매력을 느끼지 못하기 때문이다. 분위기도 불편하고 앱 서비스도 있는데 굳이 찾아가야 할 이유가 없다.

소비자가 변화하면서 2017년에만 은행·보험 점포 600여 곳이 문을 닫았다. 디지털 전환 시대가 도래했는데도 새로운 소비자들과 새로운 방식으로 소통하지 못했기 때문이다. 위기가 현실로 다가오자 은행권은 비로소 분주히 움직이기 시작했다. 우선 은행 지점에 대한 부정적인 인식을 개선하려고 했다. 대표적인 사례가

KEB하나은행이다. 하나은행은 '컬처뱅크'라는 새로운 브랜드명을 내걸고 '기다려야 하는 곳', '딱딱하고 어려운 상품 정보' 같은 이미지를 비금융 문화 콘텐츠로 희석시키려 노력하고 있다. 특히 광화문 지점은 독립책방의 1세대 격인 '북바이북'과 함께 힐링 서점 컨셉의 점포를 만들었다.

KEB하나은행 광화문점은 마치 세련된 서점에 들어온 것 같은 느낌을 준다. 북바이북에서 큐레이션한 책이 곳곳에 비치되어 있

▼KEB하나은행은 '컬처뱅크'라는 새로운 브랜드명을 내걸고 광화문 북바이북, 강남 29CM 콜라보 숍, 서래마을 공예품 전시장 등의 공간을 선보이고 있다.(출처: 북바이북 공식 블로그)

고, 독서 클럽 등 소규모 모임을 위한 공간도 있다. 몇 권 이상의 책을 구매하거나 본인이 감명 깊게 읽은 책을 추천하는 간단한 글귀를 쓰면 아메리카노 한 잔이 제공된다. 북바이북이 들어선 후, 편하게 자리 잡고 커피를 마시면서 책과 함께 차례를 기다리는 직장인들을 이곳에서 흔하게 볼 수 있게 되었다. 기존의 은행 점포에서 느껴지는 빡빡하고 건조한 분위기와는 딴판이다.

보통 은행은 창구 업무가 끝나는 오후 4시 이후에는 들어갈 수 없다. 그러나 KEB하나은행 광화문 지점은 저녁 시간까지 누구에게나 열린 공간이다. 셔터가 내려지면 은행 업무 공간과 서점 공간이 분리돼, 맥주 한 잔과 함께 더욱 다채로운 문화를 즐길 수 있는 본격적인 문화공간으로 변신한다. 주기적으로 유명 작가들을 초청해 북토크 행사를 열기도 한다.

강남지점의 29CM 콜라보 매장도 주목할 만하다. 1층 전체를 과감히 29CM에 내준 이곳에서는 차분한 분위기의 카페가 가장 먼저 고객을 맞는다. 프랜차이즈 카페의 딱딱하고 작은 의자가 아니라 편안하고 큼직한 소파가 있고, 사이사이 간격도 충분해 쾌적함을 더한다.

조금 더 안쪽으로 들어가면 카페 계산대와 29CM 숍이 나온다. 자잘한 소품부터 음료까지 다양한 품목을 판매하는데, 제주 에일 맥주, 요괴라면, 삼진어묵 등 지역의 특색 있는 제품이나 젊은 층에게 화제가 된 제품을 모아 재미를 주었다.

29CM 콜라보 숍 또한 광화문점과 마찬가지로 커피를 마시며 휴식을 취하는 사람들이 많다. 은행 업무가 끝난 후에도 콜라보 숍은 계속 영업하면서 복잡하고 시끄러운 강남대로 한복판의 흔치 않은 휴식처가 되어준다.

이처럼 KEB하나은행은 주변 상권을 분석하고 지역 손님이 선호하는 라이프스타일에 맞게 은행을 변화시키고 있다. 예컨대 서래마을 지점에는 국내 유명 공예작가들의 작품을 전시 판매하는 예술공간이 조성되어 있다. 외국인들이 많이 살고, 예술에 대한 관심이 높은 주민들도 많을 것이라는 판단에서다.

앞으로 많은 은행이 KEB하나은행처럼 고객과 적극적으로 소통하는 공간을 내놓을 것으로 보인다. 국민은행도 새로운 공간을 만들었다. 2018년 4월 연남동 인근에 문을 연 'KB 락스타 청춘마루'는 홍대의 다양한 예술가들이 공연할 수 있는 무대, 세미나를 진행할 수 있는 룸을 갖추었다.

이들의 노력은 물론 의미가 있다. 그러나 주의해야 할 점이 있다. 시각적으로 멋진 공간을 만드는 것은 그리 중요하지 않다는 사실이다. 예쁘게만 만들 것이 아니라, 해당 공간에서 어떠한 고객경험을 제공할지에 대한 정교한 전략이 필요하다.

스티브 잡스가 리테일 산업에 진출하기로 마음먹고 애플스토어를 열었을 때, 리테일 전문가들은 2년 안에 애플이 발을 뺄 것이라고 말했다. 모두가 알다시피 그 예상은 멋지게 빗나갔다. 애플은 현재 미국에서 단위면적당 가장 높은 수익을 내는, 모든 리테일숍의 '워너비'다. 하지만 애플은 처음부터 높은 매출을 내려고 리테일숍을 만든 게 결코 아니었다. 이들은 전자기기 전문 리테일 브랜드를 벤치마킹하지 않았다. 스티브 잡스가 리테일 전문가들에게 물은 것은 오직 하나, '세상에서 가장 뛰어난 고객경험을 선사하는 곳이 어디인가?'였다. 분야는 상관없었다. 그렇게 꼽힌 곳이 포시즌스 호텔이었고, 초기 애플스토어는 철저히 이 호텔을 벤치마킹해 만들어졌다. 애플스토어에 계산대 대신 컨시어지가 있는 것도 이 때문이다.

애플스토어가 변화를 시도하는 은행권에 던지는 인사이트는 결코 작지 않다. 막연히 '젊은이들 보기에 예쁜 공간'을 만들겠다고 나서기보다, 오프라인 점포가 소비자에게 어떤 고객경험을 제공해야 하는지 진지하게 생각해볼 필요가 있다.

아울러 온라인에서 최적의 고객경험을 주기 위해서는 어떻게 해야 하는지도 함께 고민해야 한다. 오프라인을 아무리 잘 구축해도 10~20대는 앱 서비스를 더 편하게 생각한다. 온라인과 오프라인 전략이 늘 함께 가야 하는 이유다. 은행권은 이제 앱에서 최상의 경험을 주려면 무엇을 해야 하는지, 점포에서는 어떤 서비스로 온오프라인을 넘나들게 할 것인지 전략을 세워야 한다. 반드시 다른 금융권 회사를 벤치마킹할 필요도 없다. 한국에서 온라인과 오프라인을 넘나들며 최상의 고객경험을 제공하는 장소를 연구하는 것이 오히려 효과적일 것이다.

그중 하나가 바로 스타벅스다. 스타벅스는 오프라인 매장 경험만 훌륭한 것이 아니라 자체 앱 서비스를 통해 온오프라인을 오가며 끊김 없는 고객경험을 제공하는 데에도 탁월하다. 이런 점에서 스타벅스야말로 은행권이 적극적으로 벤치마킹해야 할 대상일 수도 있다.

스타벅스는 커피 한 잔을 판매할 때 스타벅스라는 오프라인 매장 전체의 경험을 함께 판다. 오프라인 매장을 집(first place)과 직장(second place)만큼이나 개인의 삶에 중요한 가치를 주는 세 번째 장소(third place)로 만들려는 것이다. 대표적인 예가 앞서 소개한 카공족 전략이다. 이외에도 고급 커피에 대한 니즈를 파악해 리저브 매장을 론칭한 것도 최적의 매장 경험을 위해 스타벅스가 얼마나 발 빠르게 움직이는지 알 수 있는 사례다.

그러나 디지털 전환 시대에는 오프라인 매장에서 경험을 주는 것만으로는 부족하다. 모든 잠재고객의 손에 있는 스마트폰에서도 최적의 고객경험을 전달할 수 있어야 한다. 스타벅스 또한 온라인상에서 어떻게 경험을 선사할 것인가를 생각했고, 그 결과물이 모바일 주문결제 서비스인 '사이렌 오더(Siren Order)'다.

스타벅스가 주목한 것은 점심시간에 주로 매장을 방문하는 직장인들이었다. 한국의 많은 직장인들은 점심을 빨리 먹고 단체로 커피숍에 몰려가 커피를 마시곤 한다. 하지만 문제가 있다. 길게 늘어선 줄이다. 아무리 스타벅스를 좋아한다 해도, 황금 같은 점심시간을 줄 서느라 보내는 것은 결코 유쾌한 경험이 아니다. 이를 제거하고자 만들어진 것이 사이렌 오더다. 식사하는 동안 스타벅스 모바일 앱의 사이렌 오더 서비스를 이용해 미리 음료를 주문하면, 매장에서 줄을 서지 않고 음료를 받을 수 있다. 식사를 마친 고객이 스타벅스 매장에 들어서면 바리스타는 비콘 기술(beacon, 근거리에서 사용자 위치를 확인해주는 기술)로 고객이 왔음을 인지해 커피를 만들기 시작하고, 고객은 줄 설 필요 없이 편하게 앉아 있다가 커피를 가져간다.

사이렌 오더는 2018년 4월을 기점으로 누적 주문건수 4000만 잔을 돌파하며 한국인이 가장 많이 사용한 모바일 서비스 중 하나가 되었다. 스타벅스가 얻는 반사이익은 무궁무진하다. 사이렌 오더에 축적된 4000만 건의 데이터로 고객의 최근 구매이력과 자주 가는 매장 정보, 주문 시간대를 파악할 수 있고, 날씨 등 부가정보와 결합하면 다양한 맞춤형 상품을 만들 수도 있다. 실제로 스타벅스는 고객이 사이렌 오더로 주문할 때, 해당 음료와 함께 가장 많이 판매된 푸드 메뉴를 추천하거나 추운 날에는 따뜻한 음료를 추천하는 등의 방식으로 데이터를 활용한다. 앞으로는 그날그날의 고객 컨디션과 기분을 읽어내 특정 음료를 추천하는 날이 올지도 모른다.

스타벅스를 방문한 사람들은 온라인 서비스인 사이렌 오더로 손쉽게 커피를 주문하면서 최상의 오프라인 매장 경험을 누릴 수 있게 되었다. 온라인과 오프라인을 넘나들며 끊김 없는 고객경험을 위해 노력한 스타벅스의 전략 덕분이라 하겠다.

이제 기업에게 가장 필요한 인재는 최적의 고객경험을 설계하는 경험 설계자일지도 모른다. 디지털 기술의 발달 덕에 사용할 수 있는 자원은 상상 이상으로 다양해졌다. 문제는 이 기술로 어떤 고객경험을 줄 것인지 정교하게 설계하는 일이다. 기업이 고객의 마음을 얻기 위해서는 오프라인과 디지털의 정교한 접점을 만

▼스타벅스는 온라인과 오프라인을 연결하는 '사이렌 오더' 서비스로 더욱 편리한 고객경험을 가능하게 했다. (출처: 스타벅스 홈페이지)

들고 온오프라인을 넘나드는 경험을 설계해야 한다.

그러기 위해서는 스타벅스가 했던 것처럼 다시 고객을 들여다보는 일이 우선이다. 테크놀로지는 고객경험을 설계하는 주요한 도구지만, 궁극적으로 어떤 고객경험을 제공할 것인지 결정하려면 오프라인과 온라인의 주요 접점에서 고객의 행동과 기대를 정밀하게 관찰하는 일이 필요하다. 때문에 많은 고객경험 설계자들은 정교한 고객여정 지도(customer itinerary map)를 그려야 한다고 강조한다. 우리 매장에 방문한 고객이 어디서 불만을 느끼는지, 어느 지점에서 생각지도 못한 와우 모멘트(wow moment)를 만나는지 정교하게 파악해야 한다는 의미다.

병원, 애플스토어처럼 만들고 넷플릭스처럼 운영하라

고객경험에 대한 고민은 모든 비즈니스의 공통 화두다. 더욱이 애초에 고객에게 유쾌한 경험을 제공하기 힘든 분야도 있지 않은가? 병원 같은 곳이 그렇다. 사람들은 대부분 아파서 병원에 간다. 즉 이미 기분이 좋지 않은 상태로 병원을 찾으며, 동시에 그리 유쾌하지 않은 경험을 할 것이라 예상하며 병원에 간다. 그리고 대부분, 우리의 예상과 맞아 떨어지는 경험을 하게 된다.

병원에 갈지 말지 망설이는 이들에게는 자기조절 딜레마(self-

▲포워드는 구글 등 IT기업 개발자들이 주도해서 설립한 의료 서비스 센터다. 온오프라인을 넘나드는 서비스를 통해 고객의 불편과 불안을 최대한 줄이고자 했다. (출처: 포워드 홈페이지)

control dilemma)가 있다. 정기적으로 병원에 방문해 검진을 받는다면 장기적으로 볼 때 큰 이익이다. 하지만 대부분의 사람들은 비싼 진료비, 기다림, 무겁게 가라앉은 분위기, 결과에 대한 걱정 등 감정비용(emotional cost)을 감당하고 싶어 하지 않는다. 게다가 검사나 치료 과정이 유쾌할 가능성은 거의 없기 때문에, 의료 분야에서는 즐거운 고객경험을 주기가 여간 어렵지 않다. 사정이 이러한데, 병원은 어떻게 새로운 고객경험을 창출할 수 있을까?

포워드는 감정비용보다 장기적인 이익에 집중하는 데에서 대안을 찾았다. 샌프란시스코에 위치한 포워드는 〈타임〉 지가 선정한 2017년 '가장 혁신적인 발명 25선' 중 하나로, 특이하게도 구글, 페이스북, 우버 등 IT기업의 개발자들이 주도해 만든 의료 서비스 센터다.

포워드의 핵심가치는 최신 디지털 기술을 활용해 최적의 고객 경험을 제공하는 것이다. 쉽게 말해, 편안하게 방문할 수 있는 병원을 만드는 것이 이들의 목표다. 포워드는 병원 방문객이 일반적으로 겪는 자기조절 딜레마를 정교하게 분석해 장기적인 관점에서 이득을 느끼게 하고, 동시에 병원에 올 때 생기는 부정적인 감정 비용을 줄이고자 했다.

포워드를 한마디로 표현하자면 애플스토어 같은 하드웨어에 넷플릭스 같은 소프트웨어를 갖춘 의료센터다. 이들을 벤치마킹한 이유는 간단하다. 애플스토어는 온라인과 오프라인을 결합해 최고의 매출을 내는 곳이고, 넷플릭스는 큐레이션 알고리즘 기술

▼진단실 벽에는 바디 스캐너가 있다. 신장, 체중, 간 상태, 알러지 등을 간편하게 측정할 수 있고, 유전자 정보 서비스도 제공 가능하다.(출처: 포워드 홈페이지)

로 고객에게 맞춤 콘텐츠를 제공하기 때문이다.

포워드 내부는 말끔한 인테리어에 최신 IT기기가 늘어서 있어 마치 애플스토어 같다. 고객은 아이패드에 개인 정보를 입력한 후 진단실로 안내받는다. 진단실 벽면에는 바디 스캐너가 있어 신장, 체중, 간 상태, 알러지 등을 간편하게 진단해주며, 채혈 또한 적외선 카메라로 혈관을 찾기 때문에 편하고 빠르다. 당뇨병이나 암 등 가족력이 있는 고객에게는 유전자 정보 분석 서비스가 제공되고, 병에 걸릴 확률과 예방법도 알려준다. 모든 진단은 기계로 빠르게 진행되며, 데이터는 즉각 고객의 휴대폰으로 전송되기 때문에 의사를 기다리는 동안 포워드 앱에서 결과를 확인할 수 있다.

이제 환자는 전문의가 기다리는 진료실로 들어간다. 포워드의 진료실은 전문의가 환자에게 최대한 집중할 수 있도록 조성돼 있다. 보통 병원에서는 의사가 책상 건너편에서 질문을 던지고 환자의 대답을 컴퓨터에 기록하는 다소 딱딱하고 권위적인 분위기다. 하지만 포워드에서는 의사가 모니터만 보고 있을 필요가 없다. 진료 데이터는 벽면의 대형 스크린으로 보면 되고, 질문과 답변은 AI 시스템이 자동으로 기록하기 때문이다. 의사와 환자는 그들을 가로막는 책상 없이, 카페에서 대화를 나누듯 편안한 분위기에서 상담을 진행한다.

경험은 온라인에서도 이어진다. 방문객은 포워드 앱에서 진단 결과를 언제든 다시 볼 수 있고, 의사가 권유한 치료 방법, 예방을

▲포워드의 진료실에는 데스크가 없다. 의사와 환자는 사이를 가로막는 장애물 없이 편안하게 대화를 나눌 수 있다.(출처: 포워드 홈페이지)

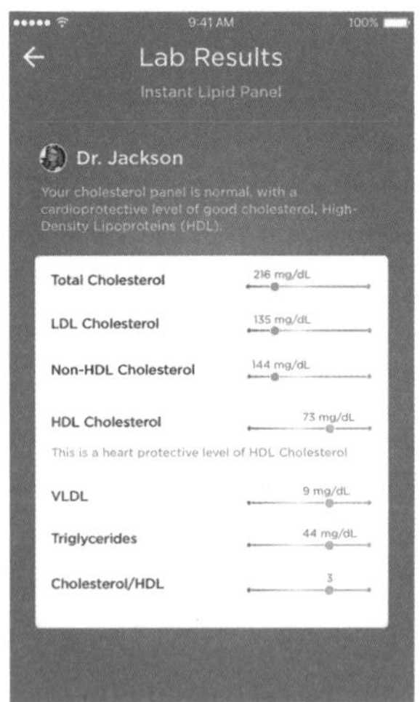

▲환자는 포워드 앱에서 진단 결과를 확인한다. 올바른 식습관, 예방법 등의 정보도 볼 수 있고, 의사에게 메시지를 보낼 수도 있다. (출처: 포워드 홈페이지)

위한 식습관 등 다양한 정보도 확인 가능하다. 몸에 이상이 생기면 앱으로 의사에게 메시지를 보내면 된다.

포워드의 모든 서비스는 월정액제 멤버십 형태로 구매할 수 있다. 넷플릭스에서 매월 일정 금액을 내고 콘텐츠를 이용하는 것과 같은 구조다. 월 149달러를 내면 횟수 제한 없이 의사를 만나고 의료 서비스를 받을 수 있으며, 앱으로 서비스를 예약하거나 정보를 열람하는 것도 가능하다. 주치의에게 조언을 얻을 수도 있다.

애플스토어처럼 멤버십만 있으면 갈 수 있는 병원, 넷플릭스처럼 월정액제로 운영되는 병원, 개인에게 맞춤 의료 서비스를 제공하는 병원. 에릭 슈미트 구글 회장 등 실리콘밸리의 전설적인 CEO들이 1억 달러 이상을 포워드에 투자한 것은 다른 이유에서가 아니다. 디지털 전환 이후 만나게 될 미래 병원의 모습을 포워드가 앞당겨서 보여주기 때문이다.

나이키는 어떻게 세상에 없던 '달리는 경험'을 제공했나

'디지털 시대 최고의 광고는 광고를 하지 않는 것이다.' 나이키의 디지털 마케팅을 진두지휘한 스테판 올랜더(Stefan Olander)와 세계적인 디지털 광고 에이전시 AKQA의 설립자 아자즈 아메드(Ajaz Ahmed)가 나눈 대담에서 나온 이야기다. 나이키가 디지털 세상에서 어떻게 마케팅 전략을 세우고 나아가는지 엿볼 수 있는 대목이다. 온라인 세상에서 나이키는 제품을 광고하지 않는다. 온라인과 오프라인을 연결하며, 그 속에서 고객에게 최고의 경험을 주고자 할 뿐이다.

모두가 디지털 시대에 온오프라인을 넘나드는 고객경험을 말하지만, 이 개념을 제대로 이해하고 실행하는 기업은 극소수다.

스마트폰이 등장하자마자 온라인과 오프라인을 연결하는 작업에 착수했던 나이키는 그 극소수 중 하나다. 최근 이루어지고 있는 나이키의 경험 마케팅 전략들을 살펴보면 기업이 어떻게 온라인 오프라인을 넘나들며 고객과 소통해야 하는지에 대한 중요한 인사이트를 얻을 수 있다.

나이키는 디지털 세상의 도래가 브랜드를 한 단계 성장시킬 수 있는 중요한 기회라고 보았다. 사람들이 인터넷이 연결된 스마트폰을 가지고 다니기 시작할 즈음, 나이키는 인터넷을 통해 어떻게 자사의 제품과 고객을 연결할지 연구했다. 많은 기업들은 디지털 세상을 '새로운 광고 공간'으로만 보았지만, 나이키는 달랐다. 나이키에게 디지털 세상은 소비자와 제품 간의 새로운 접점을 만들어 '최고의 경험'을 제공할 수 있는 공간이었다.

먼저 오프라인 숍을 보자. 나이키 플래그십 스토어에는 곳곳에 디지털 키오스크가 설치돼 있다. 방문객들은 키오스크를 이용해 자기 집 인근의 러닝 코스를 추천받거나, 나이키 러닝 코치의 지도 서비스를 신청할 수 있다.

진열대도 그냥 전시만 하는 것이 아니라, 디지털 기술을 이용해 각 제품의 성능을 생생하게 실감할 수 있도록 했다. 진열대 하단에 있는 인터랙티브 인피니티 스크린(interactive infinity screen)에 러닝화를 올려보자. 해당 제품을 신고 달리는 영상이 스크린에 펼쳐지면서 이 러닝화가 어떤 기술로 만들어졌는지, 달릴 때 느낌이

▲나이키 매장에 설치된 디지털 키오스크에서는 러닝 코치의 지도 서비스를 신청할 수 있고, 러닝 코스도 추천받을 수 있다. (출처: 나이키 홈페이지)

어떤지 자세히 알려준다. 고객은 매장을 떠나지 않고도 '생생하게 달리는 경험'을 고스란히 전달받을 수 있다.

디지털 기기가 선사하는 고객경험에 곧 뜨거운 반응이 쏟아졌다. 브랜드 컨설팅 컴퍼니 더블유캠프에 따르면 강남 나이키 플래그십 스토어에 설치된 고객 반응형 디지털 미디어는 4개월 동안 총 1만 6000여 명의 고객들이 이용했으며, 이 중 2000여 명은 러닝 지도를 신청했다. 물론 매출을 올리는 데에도 효과적이었다. 러닝화 판매는 전 시즌 대비 45% 증가했고, 제품 문의 및 시착은 200% 이상 늘었다.

기기를 이용한 간접체험도 좋지만, 제품을 알기 위해서는 역시

▼트레드밀 앞 대형 스크린에서는 러닝 코치가 앞장서서 달려가고, 농구골대 뒤에 설치된 화면에서는 함께 경기하는 선수들이 등장한다. 체험을 특별하게 만들어주는 장치다. (출처: 나이키 홈페이지)

직접 써보는 게 제일이다. 나이키는 매장 진열대 옆에 트레드밀을 설치해, 제품을 직접 신고 뛰어보라고 권한다. 이 체험의 하이라이트는 트레드밀 앞의 대형 모니터다. 러닝화를 신고 트레드밀에 올라가면 모니터에서는 반포 한강공원의 잠수교 러닝 코스가 펼쳐지고, 고객은 트레드밀이 아니라 러닝 코스에서 달리는 듯한 느낌을 받을 수 있다. 단순히 기능 측정에 그치지 않고 '나이키와 함께하는 경험'을 주려는 의도다. 모니터에는 러닝 코치도 등장해, 고객과 함께 달리면서 코스를 완주할 수 있도록 독려한다. 코치와 함께하는 러닝 코스 경험을 선사하는 셈이다.

모바일 앱에서도 다양한 체험이 가능하다. 앱은 특히 소비자가 콘텐츠에 참여하고 스스로 브랜드를 경험하도록 하는 데 공을 들였다. 2006년에 출시된 '나이키 플러스(Nike+)' 초기 모델은 애플 기기와 나이키 제품을 결합해 운동량을 측정하는 일종의 스포츠 키트였는데, 현재의 나이키 플러스는 별도의 기기 없이도 앱만 깔면 서비스를 이용할 수 있다.

나이키 플러스의 핵심은 '유쾌한 경험'이다. 이를 위해 나이키는 자사 제품과 함께하는 경험 중 디지털로 극대화할 수 있는 것들을 세분화하기 시작했다. 일례로 달리다가 힘들어질 때 누군가의 응원을 받을 수 있다면? 나이키는 이용자가 혼자 운동하더라도 친구들과 함께 즐겁게 달리는 느낌을 받도록 하고 싶었다. 그래서 만든 기능이 '응원 메시지 받기'다. 이 기능은 페이스북 친구들에게 이

▲나이키플러스 앱에서는 QR코드를 찍으면 제품 정보를 간편하게 확인할 수 있는 서비스도 제공한다. (출처: 나이키 홈페이지)

용자가 러닝을 시작했다고 알리고, 친구가 댓글을 달 때마다 듣고 있던 음악 위로 우레와 같은 함성과 박수 소리를 들려준다. 목표 거리를 완주하면 응원 메시지를 받고, 완주 내역을 페이스북에 올려 자랑할 수도 있다. 이처럼 나이키 플러스 앱만 있으면 누군가와 함께하며 격려받는다는 느낌 속에 운동할 수 있다. 달리기라는 행위에 새롭고 가치 있는 '경험'을 부여하는 것이다.

운동 어플리케이션의 종결자 '나이키 트레이닝 클럽'도 있다. 1대 1 트레이닝을 받을 여유가 없는 사람도 이 앱만 있으면 장소와 시간에 구애받지 않고 트레이너의 지도를 받으며 운동할 수 있다. 부위별 프로그램을 선택할 수도 있고, 동영상을 보며 따라 하는 강의라 초보자에게도 무리가 없다.

온라인 트레이닝만으로 부족하다면 오프라인에서 함께 운동할 수도 있다. 나이키는 매장에서 일주일에 한 번씩 트레이닝 프로그램을 열어 소비자를 오프라인 공간으로 불러들인다. 매장 방문을 유도하는 것은 물론, 브랜드 애착과 충성도까지 끌어올릴 수 있는 전략이다.

어쩌면 나이키는 더 이상 아디다스나 뉴발란스를 경쟁상대로 생각하지 않을지도 모른다. 나이키는 디지털 플랫폼을 이용해 자사의 상품과 서비스를 제공한다는 점에서 이미 구글, 애플 그리고 페이스북 같은 기업들의 강력한 경쟁자가 되었다. 나이키는 운동복이나 운동화를 만들어 파는 데 그치지 않고, 그들이 구축한 디지털 플랫폼을 통해 소비자들의 운동 라이프스타일을 제안하고 궁극적으로는 건강까지 관리해주는 헬스케어 회사로 성장할 것이라 본다. 최근 출시된 디지털 웨어러블 디바이스 '퓨얼밴드(fuel band)'는 나이키의 야심을 보여주는 좋은 예다. 현재는 애플과 협업해서 독자적인 애플 워치 나이키 플러스를 만들어내는 데 주력하고 있다. 하드웨어는 애플의 손을 빌리고, 자신은 소프트웨어나 콘텐츠에 집중하겠다는 의도로 읽힌다.

앞으로 나이키는 일상을 기록하는 디지털 기기를 기반으로 더욱 다채로운 고객 참여 프로그램을 기획할 것으로 보인다. 다양한 고객 데이터를 축적해 개개인에게 최적화된 디지털 경험을 제공하는 회사가 되기 위해서다. 디지털 시대, 온오프라인을 연결한 고객경험을 이야기할 때 나이키가 늘 빠지지 않는 이유다.

'세상에서 가장 혁신적인 기업'의 경험 설계법

이제 '온오프라인을 넘나드는 경험'을 이야기하게 만든 주인공에게로 돌아가 보자. 온오프라인을 연결해 최적의 고객경험을 창출하는 데 가장 선도적인 역할을 하는 기업, 바로 아마존이다.

2017년과 2018년 오프라인 유통업체들을 가장 긴장시킨 소식 두 가지가 있었다. 하나는 온라인 유통시장을 제압한 아마존이 2017년 8월, 오프라인 마트인 홀푸드 마켓을 인수한다는 소식이었다. 아마존이 들인 금액은 약 137억 달러, 우리나라 돈으로 15조 원이 넘었다. 미국 전 지역의 460개 홀푸드마켓 점포를 기반으로 오프라인 유통시장까지 제압하겠다는 전략적 선포였다.

두 번째는 무인 매장 아마존 고(Amazon Go)의 개장 소식이었다. '노 라인 노 체크아웃(no lines no checkouts)'을 캐치프레이즈로 내건 아마존 고는 오프라인 마트의 가장 큰 단점이었던 '줄 서서 기다리기'를 없애버렸다. 그럼 어떻게 물건을 담고 계산하느냐고? 그냥 가지고 돌아가면 된다. 본인의 휴대폰에서 아마존 앱을 실행시켜 매장 입구의 QR코드를 찍으면 물건을 카드에 담을 때마다 아마존 앱 카트에도 자동으로 물건이 담기고, 매장을 떠나면 자동으로 결제된다.

앱 카트에 물건을 담는 작업은 천장에 설치된 수백 대의 센서와 카메라가 맡는다. 이 기기들은 물건 위치와 방문객 동선을 파악해 고객이 물건을 가져갈 때마다 카트에 기록한다. 하지만 수많은 사람이 들고나는 마트에서 컴퓨터만으로 정확한 집계가 가능할까? 〈뉴욕 타임스〉는 의문을 해소하기 위해 아마존 고에서 물건을 훔쳐보기로 했다. 대상은 4달러짜리 바닐라 소다 한 팩. 기자는 판매대에서 소다 팩을 집어들 때 가방과 몸 등 모든 수단을 동원해 카메라와 센서를 피했고, 팔 밑에 물건을 감춰서 몰래 들고 나왔다. 하지만 결과는 실패. 앱 카트에는 바닐라 소다 한 팩이 정확하게 담겨 있었다. 착오가 생기지 않을까 걱정할 필요 없다는 이야기다.

아마존 고는 '물건을 사려면 무거운 카트를 끌고 줄을 서서 기다려야 한다'는 오프라인 매장의 단점을 제거하고 온라인 매장의 장점을 이식하면서, 고객에게 온오프라인을 넘나드는 새로운 경험을 선사한다. 오프라인 매장에서 물건을 구매하지만 쇼핑하는 방식의 편리함은 온라인과 같다.

앞으로 아마존 고는 필요한 제품을 미리 알려주는 개인화 서비스도 제공할 예정이다. 방문 고객 개개인의 구매 데이터를 이용하면 얼마든지 가능하다. 머지 않아 아마존 고에 가면 '지난번 당신의 (온라인/오프라인) 구매내역에 따르면 치약이 일주일 안에 떨어질 예정이니, 가능하면 지금 구매하세요. 5% 할인쿠폰을 드리

겠습니다'라는 메시지를 받게 될지도 모른다. 첨단 디지털 기술을 이용해 오프라인의 불편함을 해소해주고, 동시에 빅데이터를 기반으로 한 개인 맞춤형 서비스를 오프라인 공간에서도 즐길 수 있는 시대가 코앞에 다가와 있다.

오프라인에 온라인의 장점을 접목시킨 서비스는 이미 아마존 북스가 선보인 바 있다. 오프라인 서점에서는 책을 고르는 데 애를 먹는 소비자를 흔히 볼 수 있다. 한참을 서서 읽으며 책이 좋은지 고민하고, 부족하면 휴대폰으로 정보를 찾는다. 하지만 2015년 문을 연 아마존 북스는 다르다. 온라인에서 축적한 데이터를 오프라인 서점에서도 이용하면서 불편을 해소했기 때문이다.

이곳의 가장 큰 강점은 '좋은 책'만을 큐레이션해서 보여준다는 데 있다. 아마존은 얼마나 좋은 책들을 선별하여 효과적으로 보여주느냐가 서점의 가장 중요한 차별화 포인트라고 판단했다. 그래서 이곳에 온라인 아마존에서 높은 평점을 받은 책들만 비치했다. 덕분에 독자들은 질 낮은 책을 읽느라 시간을 낭비할 필요가 없다. 정보를 찾기도 간편하다. 아마존 앱에 책 표지나 바코드를 읽히기만 하면 별점과 후기가 바로 뜬다.

특히 '높은 평점을 받은 책(highly rated)' 코너는 폭발적인 반응을 얻었다. 판매량을 기준으로 하는 베스트셀러 코너와 달리, 이곳은 별점 4.8 이상을 받은 양질의 책만 소개한다. 잘 팔리는 책이 꼭 좋은 책은 아니라는 인식을 반영한 것이다.

▲킨들 사용자들이 가장 많이 인용한 책들을 모아놓은 코너.

아마존은 고객경험을 위해 온라인 서점의 데이터 정확성에도 공을 들이고 있다. 특히 최근의 아마존 차트는 종이책과 전자책 합산 판매량뿐 아니라 고객이 해당 책을 얼마나 오래 읽었는지도 순위에 반영한다. 전자책 단말기 '킨들'과 오디오북 '오더블'의 데이터가 여기에 이용된다.

아마존 북스 이용자들을 위한 '아마존 프라임' 서비스도 있다. 연회비 99달러를 내면 책값을 할인받을 뿐 아니라, 앱을 이용한 간편결제와 배송 서비스도 이용할 수 있다. 특히 책 할인율이 커서 몇 권만 구입해도 본전을 찾을 수 있기 때문에 이용자 대부분이 프라임 회원 가입을 선호한다. 할인, 간편결제, 배송 등 온라인 서비스를 오프라인 매장에서도 누리는 셈이다.

그런데 이상하지 않은가? 대형 서점을 하나하나 몰락시키면서 오프라인 서점을 사양사업으로 몰고 온 장본인이 바로 아마존인데, 그 아마존이 다시 오프라인 서점을 열다니 말이다. 아마존이 온라인 서점 사업에 공격적으로 나서기 시작하면서 한때 600여 개 매장을 운영하던 미국 서점업계 2위 보더스(Borders)마저 2011년 파산을 선언했다. 오프라인에서 책을 사던 구매자들이 모두 온라인으로 흡수되다시피 했기 때문이다. 그런데 왜 이제 와서 오프라인 서점으로 영역을 넓히려는 것일까? 온라인 사업이 하향

▼아마존 프라임 회원은 아마존 앱 간편결제 서비스를 이용할 수 있다.

세에 접어든 것도 아닌데 말이다.

짐작했겠지만 이 또한 고객경험 때문이다. 아마존이 오프라인 서점을 몰락시켰다는 기사가 쏟아질 무렵, 이상한 일이 벌어졌다. 바닥 없이 추락하던 오프라인 서점 매출이 반등세로 돌아선 것이다. 미국서점연합(ABA) 회원 수도 2009년 1600여 개에서 2015년 2200여 개로 증가했고, 대형서점이 사라진 자리에 동네 서점이 들어서기 시작했다. 소비자들이 공간과 경험을 다시 찾게 되면서 독특한 동네 서점을 중심으로 오프라인 실적이 늘어난 것이다.

책에 관한 한 소비자는 여전히 종이책의 아날로그 감성을 선호한다. 책은 문화를 담는 중요한 플랫폼으로, 오프라인에서 오감을 이용해 직접 교류하는 문화가 더 어울린다. 서점도 마찬가지다. 온라인 서점이 가격도 싸고 편할지 몰라도, 아늑한 분위기에서 종이를 넘겨가며 책에 몰두하는 경험은 오프라인 서점만이 줄 수 있다.

책 시장에서 살아남으려면 결국 아날로그 감성을 간과해서는 안 된다. 하지만 아날로그 감성을 복원하겠다고 기존의 오프라인 매장을 똑같이 복사하는 건 의미가 없다. 아마존 북스가 온라인을 오프라인에 접목시킨 것은 바로 이 때문이다. 아마존은 오프라인 서점을 열어 온라인 서점이 줄 수 없는 아날로그적인 고객경험을 유지하되, 동시에 온라인 데이터를 이용해 기존 오프라인 서점의 불편한 고객경험을 없애고자 했다.

아마존이 원하는 것은 오프라인의 몰락이 아니다. 그들이 잘 아는 온라인의 고객경험 전략을 오프라인에 녹여내, 온라인과 오프라인의 장점을 극대화한 최상의 고객경험을 만드는 것. 이것이 바로 아마존의 목표다.

경험 설계, 온라인과 오프라인의 이인삼각 경기

온라인과 오프라인은 제각기 장단점이 있다. 오프라인에서 어쩔 수 없이 발생하는 불편함이 있고, 온라인에서 할 수 없는 것들에 대한 아쉬움도 있다. 때문에 최적의 고객경험을 준다는 것은 온오프라인 각각의 약점을 서로의 강점으로 어떻게 보완할 것인지를 고민하는 과정이기도 하다.

인터넷서점 알라딘은 '전자책으로 미리 읽기' 기능을 선보여 특히 대학생들에게 큰 호응을 얻었다. 학기가 시작되면 대학가 서점은 교재를 사려는 학생들로 붐빈다. 온라인에서 사면 더 싸고 배송도 편한데, 왜 굳이 학교 앞 서점에 갈까? 개강 초에는 시간표가 자주 바뀌기 때문이다. 청강 후 과목을 추가하기도 하고, 신청했던 과목을 빼기도 한다. 당연히 교재가 당장 필요한 때가 생긴다. 배송에 시간이 걸리는 온라인 서점에서 내일 쓸 교재를 구입할 수는 없으니, 학생들은 오프라인 서점에서 더 비싼 값에 교재를 구입해 무겁게 집으로 들고 가야 한다. 하지만 알라딘을 이용하면 그럴 필요가 없다. 온라인으로 교재를 주문하면, 배송을 기다리는 동안 볼 수 있도록 앞부분을 전자책 미리보기로 제공해주기 때문이다. 이런 서비스가 계속된다면 대학생들은 학교 서점보다 알라딘을 더 자주 이용하게 되지 않을까?

이처럼 앞으로 기업이 성장하기 위해서는 고객에게 어떤 서비스가 언제, 왜 필요한지 관찰해 때로는 오프라인 방식으로, 때로는 온라인 방식으로 불편을 해소할 수 있어야 한다.

일본 최대 인터넷 패션 쇼핑몰인 조조타운(ZOZOTOWN)도 색다른 방식으로 온오프라인 연결을 시도했다. 온라인 쇼핑은 편리하지만, 옷을 직접 입어볼 수 없다는 단점이 있다. 이 불편을 해소하기 위한 돌파구가 바로 '조조슈트'다. 신체 사이즈를 정확히 측정해주는 도구로 조조슈트, 슈트와 함께 배송되는 종이 스탠드, 그리고 고객의 스마트폰만 있으면

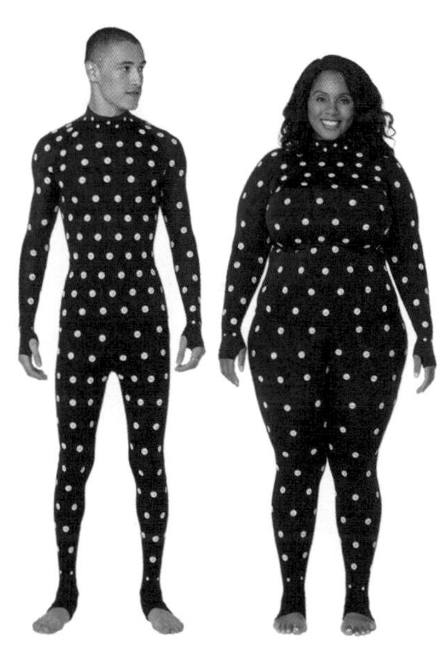

▲조조슈트는 슈트에 내장된 1만 5000개의 센서로 고객의 체형을 360도 측정해 앱에 기록한다. 고객은 이 수치를 이용해 온라인에서도 간편하게 맞춤 정장을 주문할 수 있다.(출처: 조조타운 홈페이지)

된다. 우선 조조슈트를 입고, 조조타운 앱이 설치된 휴대폰을 종이 스탠드에 올려놓은 후 측정 버튼을 누른다. 슈트에는 스마트폰과 블루투스로 연결할 수 있는 1만 5000개의 센서가 내장돼 있어, 고객의 체형을 360도 측정해 앱에 기록한다. 이 수치로 맞춤정장을 주문하면 며칠 내로 제품을 받아볼 수 있는데, 매장 유지비와 인건비가 필요 없기 때문에 가격도 무척 저렴하다. 맞춤 정장 두 벌과 와이셔츠 한 장으로 구성된 세트가 20만 원, 맞춤 셔츠는 1만 원 정도다.

아마존 역시 온라인에서도 옷을 입어보는 느낌을 주기 위해 고민 중이다. 향후 증강현실(AR) 시스템을 도입한 거울을 오프라인에서 제공해, 고객들이 온라인에 판매되는 옷을 가상으로 입어보고 얼마나 잘 어울리는지를 데이터로 제공받도록 할 계획이라고 한다. 이 같은 오프라인 보완재들은 온라인 쇼핑에서 고객이 겪는 불편함을 해소해줄 뿐 아니라, 반품 비용을 절감해 가격도 낮출 수 있을 것으로 보인다.

아마존이 오프라인 서점을 집어삼킨 것처럼, 오프라인이 온라인에 점령당해 사라질 것이라고 예측하던 때가 있었다. 하지만 온라인에서 승승장구하던 아마존은 오프라인 매장 아마존 고로 눈을 돌렸고, 국내에서도 러블리 마켓처럼 오프라인 경험으로 고객을 끌어당기는 사례가 속속 등장하고 있다. 온라인이 성장한다고 해서 오프라인이 몰락하는 것은 아니며, 오프라인이 건재하다고 해서 온라인이 필요 없는 것도 아니다. 중요한 것은 온오프라인을 넘나들며 끊김 없는 고객경험을 제공하는 것이다.

이러한 발상의 전환은 매출에도 영향을 미친다. 온라인 매장과 오프라인 매장을 적대관계로 본다면, 오프라인 매장을 열었을 때 온라인에서는 물건이 덜 팔릴 거라고 생각하기 쉽다. 하지만 보완재로 바라볼 때는 어떨까? 마찬가지로 매출에 부정적인 영향을 미친다는 결론이 나올까?

휴스턴 대학과 토론토 대학 공동 연구진은 온라인에 주력하던 회사가 오프라인 매장을 열었을 때의 매출 변화를 살펴보았다. 연구는 한 리테일 회사가 기록한 3년간의 소비자 구매 데이터를 이용했는데, 연구자들은 이 회사가 오프라인 매장을 연 후 온라인 매출이 늘어났다는 사실을 발견했다. 이른바 '광고판 효과(billboard effect)'다. 오프라인 매장은 제품을 판매하기도 하지만, 해당 브랜드가 있다는 사실을 소비자에게 알려주는 역할도 한다는 뜻이다. 매출에 비해 임대료가 비싼데도 많은 브랜드가 가로수길을 고집하는 이유도 광고판 효과 때문이다. 매장에서 돈을 벌지 못하더라도 핵심 타깃에게 꾸준히 브랜드를 노출시킬 수 있고, 이는 온라인 등 다른 곳에서의 매출로 이어진다.

우리 브랜드가 잘 알려지지 않은 지역이라면 효과는 더 커진다. 온라인에서는 잘 모르는 브랜드를 구매하기가 꺼려진다. 하지만 오프라인 매장은 다르다. 낯선 브랜드라 해도 일단 가게에 들어가면 제품을 구경하고 써보는 과정에서 자연스럽게 친숙해지기 때문이다. 물론 브랜드를 체험했다고 해서 바로 지갑을 열지는 않을 수도 있다. 하지만 이렇게 오프라인 매장에서 브랜드 컨셉을 전달하는 것만으로도 큰 수확이며, 결과적으로 고객이 온라인에서 우리 제품을 다시 발견했을 때 구매할 확률이 높아진다. 온라인과 오프라인이 서로의 보완재가 되어주는 것이다.

이 연구결과는 온라인으로 성장한 기업들이 왜 오프라인 매장을 함께 운영하는지 그 이유를 설명해준다. 오감을 활용하는 체험이 가능하지만 물리적인 제약이 있는 오프라인, 언제든 편하게 접속하고 비교도 할 수 있지만 실물을 볼 수 없어 불안한 온라인. 이 둘을 어떤 방식으로 보완하여 시너지 효과를 내는가에 따라 기업의 특성과 경쟁력이 갈린다.

온라인으로 안경을 판매하는 와비파커는 '홈 트라이온(home try-on)'으로 큰 성공을 거두었다. 홈 트라이온은 온라인에서 안경을 구매하기 전 고객이 실제로 제품을 사용해볼 수 있도록 한 서비스다. 와비파커는 웹사이트에서 고객이 고른 안경 프레임 5가지를 무료로 보내주고, 며칠 동안 써본 후 반송하게 했다. 고객은 사용해본 안경 중 마음에 드는 것을 선택하고, 홈페이지에 시력과 눈 사이 간격 등의 개인정보를 입력한다. 1~2주 후에는 렌즈가 장착된 맞춤 안경을 받을 수 있다. 와비파커는 이 같은 판매 전략을 통해 가격을 기존의 5분의 1 수준까지 낮추었다.

▲와비파커 오프라인 매장에서는 안경을 직접 써보고 시력, 눈 사이 간격 등의 데이터를 홈페이지에 저장할 수 있다. 오프라인 경험이 온라인 쇼핑을 더욱 편리하게 만들어주는 것이다.

하지만 와비파커는 오프라인 매장에서 제품을 써보는 것도 중요하다고 생각하고 일종의 가이드숍을 동시에 운영하기 시작했다. 이곳 역시 판매보다는 최적의 고객경험이 목표다. 와비파커 오프라인 매장에서는 안경을 써보기만 하는 것이 아니라 시력 등의 개인정보를 홈페이지에 저장할 수 있다. 이 데이터를 이용하면 나중에 온라인에서 와비파커 안경을 살 때도 훨씬 간편해진다.

〈포브스〉의 기사에 따르면, 와비파커 매장을 방문한 소비자의 85% 이상이 와비파커 홈페이지에도 방문하고 싶다고 답변했다. 와튼 비즈니스 스쿨의 데이비드 벨(David Bell) 교수 연구진도 같은 결론을 내렸다. 와비파커로부터 받은 2010년 2월부터 2013년 3월까지의 고객 데이터를 분석한 결과, 와비파커의 오프라인 매장은 자체 매출을 내는 데 그치지 않고 온라인 매출 신장에도 긍정적인 영향을 준 것으로 나타났다.

"사람들은 당신이 한 말을 잊고 당신이 한 행동도 잊지만, 당신이 준 느낌만큼은 결코 잊지 않는다. (I've learned that people will forget what you said, people will forget what you did, but people will never forget how you made them feel.)"

작가 마야 안젤루(Maya Angelou)의 말은 디지털 전환 시대에 '고객에게 어떤 경험을 하게 하느냐'가 가장 중요하다는 사실을 곱씹게 해준다. 지금은 물질의 시대가 아닌 경험의 시대이고, 물건을 팔려고 하기보다는 제품과 함께 어떤 경험을 할 수 있을지를 생각해야 한다. 온라인에서의 경험인지 오프라인에서의 경험인지는 중요하지 않다. 옴니채널(omni channel) 시대라 하지 않는

가. 이미 소비자는 스마트폰으로 온라인과 오프라인 채널을 자유롭게 넘나들고 있다. 기업은 시시각각 진화하는 소비자를 주의 깊게 관찰하고, 오프라인에서 느끼는 불편함이 온라인에서는 어떻게 사라지는지, 온라인 쇼핑에서의 아쉬움이 오프라인에서는 왜 발생하지 않는지 분석해 온오프라인을 연결하는 최상의 고객경험을 만들어야 한다. 끊김 없는 고객경험을 통해 소비자가 우리 매장과 제품에 애착을 느끼도록 하고 구매로 이어지게 만드는 것, 이것이 핵심이다.

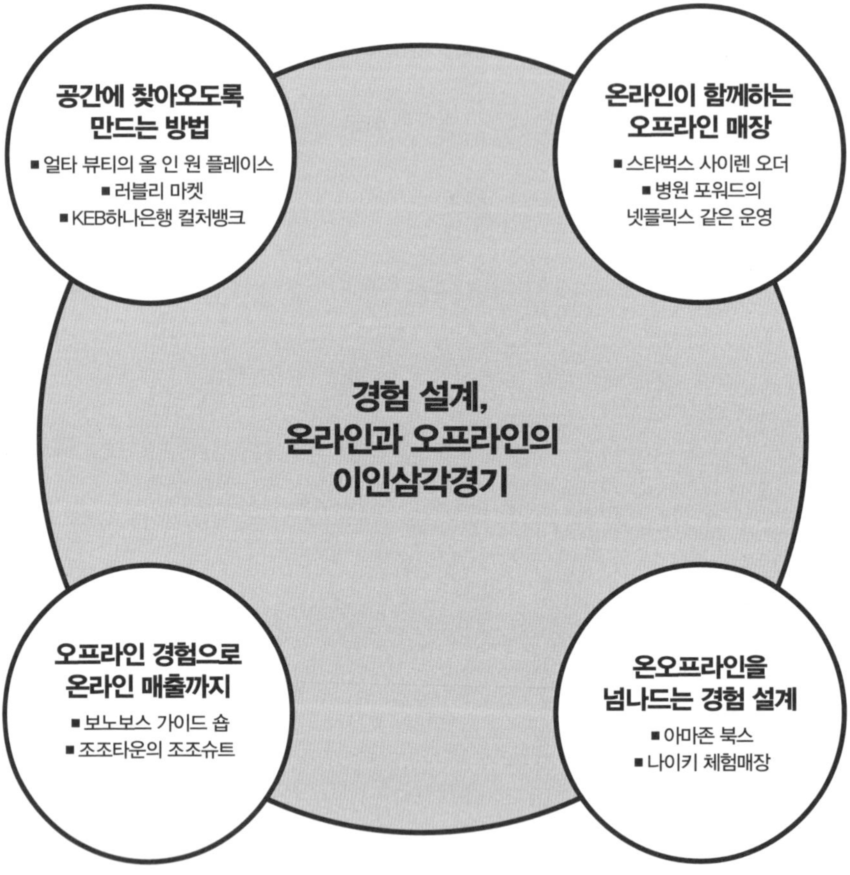

경험 설계, 온라인과 오프라인의 이인삼각경기

공간에 찾아오도록 만드는 방법

- 얼타 뷰티의 올 인 원 플레이스
- 러블리 마켓
- KEB하나은행 컬처뱅크

온라인이 함께하는 오프라인 매장

- 스타벅스 사이렌 오더
- 병원 포워드의 넷플릭스 같은 운영

오프라인 경험으로 온라인 매출까지

- 보노보스 가이드 숍
- 조조타운의 조조슈트

온오프라인을 넘나드는 경험 설계

- 아마존 북스
- 나이키 체험매장

온라인과 오프라인이 만나게 하라.

온라인과 오프라인을 끊김 없이 넘나드는
최적의 고객경험을 설계하라.

|E|P|I|L|O|G|U|E|

새로운 인사이트를 준 여행지, 도쿄에게

공간과 관련된 글을 쓰겠다고 마음먹은 이유는 순전히 도쿄 때문이었다.

도쿄는 내가 유학을 마친 후 창의적인 영감을 얻기 위해 떠난 첫 여행지였다. 이곳의 다양한 매장은 나에게 신선한 충격을 주었고, 이 책에도 큰 영향을 미쳤다.

도쿄와 서울은 겉보기에는 비슷한 것 같지만, 조금만 더 들어가면 다른 것들이 보이기 시작한다. 한국의 명동이라 할 수 있는 하라주쿠의 뉴발란스 매장은 신발이나 운동복뿐 아니라 건강한 음식도 판다. 다양한 잡화를 판매하는 무지와 코에(Koe) 등 일본 라이프스타일 브랜드들은 매장이 아니라 호텔을 열기 시작했다. 렉서스는 자동차가 존재하지 않는 공간을 선보였으며, 찾기 힘든 비밀스러운 곳에 매장을 낸 브랜드도 늘어났다. 이 모든 것이 나에게는 너무나 신선하게 다가왔다. 당시만 해도 국내 대기업이 운영하는 매장은 제품 위주였기 때문이다. 어느 정도 시간이 지난 후

에야 교보문고가 '취향을 설계하는 공간'이라 불리는 일본의 츠타야 서점을 벤치마킹해 쉬어갈 수 있는 서점을 만들었고, 코엑스몰을 인수한 신세계는 매출 한 푼 내지 않는 도서관을 만들어 사람들을 모으기 시작했다.

변화는 전 세계에서 일어났다. 온라인을 제패한 아마존이 계산대가 없는 무인점포를 열었고, 온라인 서점의 장점을 그대로 옮겨놓은 오프라인 서점을 만들었다. 나이키, 와비파커 등 이 책에 소개된 기업들 또한 고객경험에 방점을 찍은 독특한 매장을 선보였다.

흥미로운 공간을 방문하고 공간에 숨겨진 비밀을 알게 되자, Z세대를 중심으로 한 디지털 네이티브(digital native) 세대의 변화한 취향이 보이기 시작했다. 다채로운 공간, 정교한 고객경험 설계가 중요해진 이유는 바로 우리 일상생활에 디지털이 깊숙이 자리 잡았기 때문이다. 또한 온라인과 오프라인을 이분법적으로 나누는 전통적 소비자가 아니라, 온오프라인 가리지 않고 끊임없이 옮겨 다니는 젊은 소비자들이 시장을 주도하고 있기 때문이기도 하다.

바로 이것이 디지털 문화심리학자로서 이 책을 쓴 이유다. 어쩌면 공간은 건축가 혹은 인테리어 관련 전문가가 더 잘 아는 주제일지도 모른다. 하지만 지금 시대의 공간은 디지털, 그리고 변화한 소비자의 본질을 이해하지 않고는 온전히 설명하기 힘들다. 때문에 이 책에서는 디지털의 출현으로 자유로워진 공간의 변신, 브랜

▲분키츠 서점 내부. 벽에 진열된 잡지는 누구나 자유롭게 살펴볼 수 있다. 안쪽에 보이는 것이 입장료를 내야 들어갈 수 있는 메인 공간이다.

드의 체험공간으로 탈바꿈하거나 커뮤니티를 위한 장이 되는 등 다채로운 모습을 다양한 사례와 이론으로 설명하고자 노력했다.

이 에필로그는 '도쿄의 심장' 롯폰기에 위치한 독특한 서점 분키츠(文喫)에서 쓰고 있다. '서점은 꼭 책을 팔아서 수익을 내야 하는가'라는 질문을 던지는 공간이다. 분키츠의 외관은 아주 세련된 인테리어로 꾸며져 있어, 거리를 지나가는 누구나 통유리 너머의 공간에 호기심을 느끼게 한다. 관심이 생긴 방문자들이 쉽게 들어올 수 있도록 이끄는 작은 전시회도 입구 주변에서 상시 개최 중이다. 책에 관련된 전시임은 물론이다.

방문객은 전시회를 보거나, 벽에 자리 잡은 수십 종의 잡지를 자유롭게 들춰볼 수 있다. 여기까지는 누구에게나 오픈된 보통 서점과 크게 다르지 않다. 하지만 안쪽을 들여다보면 계단 입구에 작은 푯말이 보인다. 이 푯말에는 입장료를 내야만 들어갈 수 있다는 안내문이 쓰여 있다. 그렇다. 서점의 안쪽, 메인 공간으로 들어가려면 입장료 1500엔을 내야 한다. 무료 음료 제공은 덤이다.

이곳에는 간단한 스낵을 먹으면서 책을 볼 수 있는 곳, 편하게 누워서 독서할 수 있는 곳 등 다양한 공간이 마련되어 있다. 조용히 공부하고 싶은 사람들을 위한 '래보라토리즈(laboratories)'도

▼조용히 공부하고 싶은 고객들을 위한 분키츠의 래보라토리즈.

있는데, 마치 유럽의 오래된 도서관을 연상시킨다. 여러 사람이 모여 세미나를 열 수 있는 장소도 있어, 책과 관련된 커뮤니티도 환영이다.

지금의 분키츠 자리는 원래 오랫동안 롯폰기를 지켰던 서점 아오야마(青山)의 것이었다. 아오야마는 분키츠와는 달리 전통적인 방식으로 책을 팔았지만, 시대가 변하면서 사라져 버리고 이제는 새로운 운영방식을 내세운 분키츠가 그 자리를 대신하게 되었다. 혁신적으로 변해가는 세상을 보여주는 한 단면이라 하겠다.

이 책의 첫 사례는 무지로 시작한다. 그리고 마지막은 2019년 현재 도쿄에서 가장 흥미롭고 실험적인 공간인 분키츠로 끝내고자 했다. 이렇게 도쿄에서 시작해 도쿄에서 끝맺으면서, 나에게 창의적인 영감을 준 도시, 이 책을 쓸 수 있게 해준 도시 도쿄에 감사를 표한다.

|A|P|P|E|N|D|I|X|

방문객에게 영감을 주는 특별한 공간

추천에 도움을 주신 분들 :
김경민(디지털마케팅연구소 연구원) 김광민(TicTok 콘텐츠 기획) 김대우(플레이스 제너럴매니저) 김수진(BeRoute 콘텐츠 크리에이터) 박소은(DOTS PROJECT 대표) 박중언(아모스 프로페셔널) 박형재(《The PR》 기자) 우승우(더.워터멜론 대표) 이상엽(홈플러스 마케팅 팀) 이영주(아무캠 콘텐츠 크리에이터) 이지연(BeRoute 콘텐츠 크리에이터)

이 공간들은 나에게 영감을 준 장소, 기존 기능을 업그레이드해 공간을 재정의한 장소, 그리고 사람과 사람을 연결해주는 장소들이다. 공간과 경험에 호기심이 생긴다면 한 번쯤 찾아가 봐도 좋겠다. 배열은 가나다순.

— **100%ChocolateCafe(도쿄 니혼바시) :** 6가지 카테고리로 분류된 56종류의 초콜릿을 맛볼 수 있다. 초콜릿에 대한 전문적인 정보를 찾는다면 이곳으로.

— **aA 디자인 뮤지엄(서울 서교동) :** 전시장과 쇼룸을 아우르는 복합공간. 빈티지 가구를 전시·판매하며, 1층 카페에도 빈티지 가구가 사용되었다.

— **D47(도쿄 시부야) :** 디자이너 나카오카 겐메이가 운영하는 '디앤디파트먼

트(D&Department)'의 매장. 일본 47개 지자체의 문화와 특산물을 전시하고, 매장과 식당도 운영한다.

— **F1963(부산) :** 고려제강의 공장을 복합문화공간으로 재설립한 곳. 테라로사, 복순도가, 예스24 중고서점, 국제 갤러리 등이 마련돼 있다.

— **고메효(도쿄 신주쿠) :** 중고명품숍으로 백화점 같은 분위기가 특징. 매 시즌 다양한 테마의 큐레이션을 선보인다.

— **나이키 강남 플래그십 스토어 :** 스타일링 서비스, 우먼스 라운지, 운동화 커스텀 서비스 등 나이키의 경험 마케팅을 엿볼 수 있다.

— **러쉬 스파 :** '휴식'이라는 스토리를 파는 곳. 고객의 선택지에 맞게 스파를 큐레이션해 준다.

— **리버풀펍(서울 흑석동) :** 리버풀 축구단 팬들의 필수 코스. 덕후 타기팅의 대표적인 성공사례다.

— **마메야 커피(도쿄 오모테산도) :** 바리스타가 되어볼 수 있는 커피숍. '앉아서 즐기는 커피숍만 성공할 수 있는가'라는 질문을 던진다.

— **마치 에큐트(도쿄 아키하바라) :** 100년 된 철교를 재탄생시킨 공간으로 오브제, 소품, 문구, 푸드도 판매한다.

— **무지 호텔(중국 선전) :** 무지가 만든 첫 번째 호텔. 무지의 라이프스타일을 경험할 수 있다.

— **문화역서울284(서울 봉래동) :** 옛 경성역을 그대로 복원한 공간에서 현대적이고 때로는 미래적인 프로젝트가 펼쳐진다.

— **뮤지엄 산(강원도 원주) :** 해발 275m에 위치한 박물관으로, '진정한 소통을 위한 단절'이 컨셉이다. 자연공간에 예술을 입힌 곳.

— **북앤베드(도쿄) :** 서점과 숙소를 결합한 북 호스텔. 책에 둘러싸여 하룻밤을 보낼 수 있다.

— **블루보틀 기요스미시라카와(도쿄) :** 나만을 위한 케어를 받을 수 있는 카페. 바리스타가 눈앞에서 커피를 내려준다.

— **사운즈한남(서울 한남동) :** 레지던스, 사무실, 상점이 어우러진 복합문화

공간. 특히 '스틸북스' 서점의 테마 큐레이션이 흥미롭다.

— **소니 파크(도쿄 긴자) :** 소니가 건물을 짓는 대신 만든 도심 속 공원. 지상은 공원으로, 지하 4개 층은 독특한 매장들로 꾸민 곳으로 2020년까지 운영된다.

— **시세이도 팔러 플래그십 스토어(도쿄 긴자) :** 화장품 기업이 어떻게 다양한 공간을 만들어내는지를 보여주는 곳.

— **쌈지길(서울 인사동) :** 그 공간에 머물렀던 사람들의 낙서, 손때 같은 것들도 좋은 콘텐츠가 될 수 있음을 깨닫게 해주는 곳이다.

— **아난티코브(부산) :** 특정 공간에 머물며 조용한 휴가를 보내는 스테이케이션(staycation)을 위한 곳. 호텔 자체가 여행의 목적이 될 수 있음을 보여준다.

— **아무캠(Island Movie Camp Festa, 제주도) :** 영화, 장소, 관객이 어우러지는 영화 체험의 장. 천장, 야외광장, 숙박공간 등이 상영관으로 변신한다.

— **아코메야(도쿄 긴자) :** 일본 식문화의 중심인 쌀을 테마로 한 다이닝 라이프스타일 매장.

— **아크앤북(서울 을지로) :** 한국형 츠타야. 책뿐 아니라 라이프스타일 소품도 함께 구성해놓았다.

— **안전가옥(서울 성수동) :** 장르문학 창작자들과 마니아들의 아지트. '모든 이야기들의 안식처'라는 슬로건으로 집필실과 라이브러리를 운영한다.

— **얼리브라운지(서울 성수동) :** 1인 크리에이터와 프리랜서를 위한 업무 공유 공간. 요가 등의 원데이 클래스도 진행한다.

— **에이스 호텔 :** 라이프스타일 호텔의 시초. 로비를 커뮤니티 공간으로 만든 아이디어가 이곳에서 나왔다.

— **연남장(서울 연남동) :** 창작자의 공간인 동시에 작품을 감상할 수 있는 곳. 식음료 편집숍 '연남 방앗간'이 인기다.

— **오설록 티 뮤지엄 '티스톤'(제주) :** 차 구입부터 다도 체험까지 할 수 있는 곳. 경험으로 배움을 얻으려는 니즈를 공략했다.

— **워시앤폴드(Wash&Fold, 도쿄 나카메구로)** : 세상에서 가장 평온한 세탁소. 기다리는 동안 커피를 마시거나 잡지를 읽으며 쉴 수 있다. 픽업 및 배달 서비스도 제공한다.

— **이토야(도쿄)** : 창업 100년이 넘은 문구점이 땅값 비싼 긴자에 있다는 사실만으로도 가볼 만하다. 12층마다 각각 다른 테마로 구성된 문구 백화점.

— **취향관(서울 합정동)** : 관심사가 비슷한 사람들끼리 커뮤니티를 만들 수 있는 유료 멤버십 공간으로 글쓰기, 사진 등 다양한 살롱이 운영된다.

— **츠타야 T사이트(도쿄 다이칸야마)** : 디지털 시대 혁신적인 서점의 시작과 끝.

— **츠타야 북 아파트먼트(도쿄 신주쿠)** : 북 카페와 서점, 코워킹 스페이스, 북 라운지 등 다양한 공간에서 책을 즐길 수 있으며 숙박도 가능하다.

— **퀸마마마켓(서울 신사동)** : 퀸마마 '윤한희'의 안목과 취향으로 채워진 커뮤니티 플랫폼.

— **파크(Parkk, 서울)** : 나무와 공원이 한눈에 들여다보여 영감을 얻기에 최적의 장소다. 특히 주말 오전시간이 그나마 사람이 적은 편.

— **파타고니아(도쿄 시부야)** : 제품의 진정성을 전면에 내세운 곳. 환경보존을 위한 파타고니아의 노력을 확인할 수 있다.

— **플레이스캠프(제주)** : 호텔이 아니라 캠프(Camp)라고 스스로를 정의하는 곳. 다양한 콘텐츠를 'play'할 수 있는 'place'라는 의미다.

— **현대카드 라이브러리(서울)** : 취향공동체가 모이기 좋은 곳. 음악, 음식, 디자인, 여행 등에 대한 전문서적과 즐길 거리를 제공한다.

— **호텔 더 디자이너스** : 다양한 디자이너들이 객실 디자인을 맡아 방마다 인테리어가 다르다. 호캉스를 즐기기에 제격.

— **호텔 코에(도쿄)** : 라이프스타일 브랜드 코에가 만든 호텔. 레스토랑과 의류 매장, 투숙객을 위한 공간이 충실하다.